Dennis Kirchberg

Der Aufstieg der Tigerstaaten im 20. Jahrhundert

D1730881

Dennis Kirchberg

Der Aufstieg der Tigerstaaten im 20. Jahrhundert

Eine historische Analyse

VDM Verlag Dr. Müller

Bibliografische Information der Deutschen Nationalbibliothek:
Die Deutsche Nationalbibliothek verzeichnet diese Publikation in der Deutschen
Nationalbibliografie; detaillierte bibliografische Daten sind im Internet über
http://dnb.d-nb.de abrufbar.

Copyright © 2007 VDM Verlag Dr. Müller e. K. und Lizenzgeber
Alle Rechte vorbehalten. Saarbrücken 2007
Kontakt: VDM Verlag Dr. Müller e.K., Dudweiler Landstr. 125 a,
D-66123 Saarbrücken, Telefon +49 681/9100-698, Telefax +49 681/9100-988
Email: info@vdm-verlag.de
Coverbild: copyright www.purestockx.com
Covererstellung: Lena Klockenhoff

Herstellung:
Schaltungsdienst Lange o.H.G., Zehrensdorfer Str. 11, D-12277 Berlin
Books on Demand GmbH, Gutenbergring 53, D-22848 Norderstedt

ISBN: 978-3-8364-2125-6

Für meine Eltern

Inhaltsverzeichnis

Abbildungsverzeichnis

Abkürzungsverzeichnis

Abb.	Abbildung
BIP	Bruttoinlandsprodukt
BRD	Bundesrepublik Deutschland
bzw.	beziehungsweise
CPF	Central Provident Fund
DBA	Doppelbesteuerungsabkommen
ders.	Derselbige
Diss.	Dissertation
Ebd.	Ebenda
EDB	Economic Development Board
f.	folgend
ff.	fortfolgende
GATT	General Agreement on Tariffs and Trade
HDB	Housing and Development Board
HKMA	Hongkong Monetary Authority
Hrsg.	Herausgeber

KCIA	Korean Central Intelligence Agency
KOTRA	Korea Trade Promotion Cooperation
MAS	Monetary Authority of Singapore
MCP	Malaysian Communist Party
Mio.	Millionen
Mrd.	Milliarden
N.N.	Nomen Nominandum
NTUC	National Trade Union Cooperation
OECD	Organisation for Economic Cooperation and Development
PAP	People´s Action Party
SAR	Special Administrative Region of the People´s Republic of China
S.	Seite
SATU	Singapore Association of Trade Union
u.a.	und andere
UdSSR	Union der Sozialistischen Sowjetrepubliken
USA	United States of America
Vgl.	Vergleiche

X

VR   **Volksrepublik**

1. Einleitung

1.1. Problemstellung

„Dritte Weltwirtschaftsregion", „Wirtschaftswunder in Fernost", „Neues Gravitationszentrum des Welthandels" – der Prozess des phänomenalen Aufstiegs des asiatisch-pazifischen Raumes ist eines der spannendsten Kapitel der Zeitgeschichte.

Die Bedeutung der asiatisch-pazifischen Region für die Weltwirtschaft wächst stetig. Lag der Anteil dieses Raumes im Jahr 1960 am globalen BIP bei nur 13 Prozent, so steigerte er sich im Jahr 2000 auf 25 Prozent. Dagegen sank der amerikanische Anteil von 40 Prozent auf 31 Prozent und der europäische von 30 Prozent auf 26 Prozent. Durch seine wirtschaftliche Dynamik wurde diese Region somit zu einem wichtigen Pol der Weltwirtschaft, dessen Bedeutung im 21. Jahrhundert noch weiter zunehmen wird.[1]

Das Fundament des Aufschwungs wurde gelegt, als sich im vergangenen Jahrhundert in Asien mehrere neue aufstrebende Ökonomien im Windschatten Japans entwickelten. Zu den erfolgreichsten gehörten Hongkong, Singapur und Südkorea, die Untersuchungsgegenstand der folgenden Arbeit sind.

Bei Betrachtung des wirtschaftlichen Booms dieser drei „Tigerstaaten" stellt sich die Frage, wie sich der Wachstums- und Entwicklungsprozess in historischer Perspektive erklärt. In diesem Zusammenhang sollen Gemeinsamkeiten der genannten Ökonomien analysiert werden. Basierend darauf wird untersucht, ob eine einheitliche Entwicklungsstrategie für diese existiert.

Vor der Beantwortung dieser Frage ist es notwendig, den Wachstums- und Entwicklungsbegriff abzugrenzen.

Der Terminus „Wirtschaftliches Wachstum" ist eng definiert und beschreibt vor allem die stetige Erhöhung der Nettoproduktion einer Gesellschaft.[2] Als Hauptindikator dient hierbei vornehmlich die Wachstumsrate des Brutto-

---

[1] Vgl. www.china-botschaft.de/det/jj/t201193.htm (abgerufen am 25. August 2006).
[2] Vgl. Timmermann, Vincenz, Entwicklungstheorie und Entwicklungspolitik (=Grundriss der Sozialwissenschaft, 30), Göttingen 1982, S.9.

inlandsproduktes (BIP). Werden zusätzlich politische und soziale Aspekte einbezogen, wird von „Wirtschaftlicher Entwicklung" gesprochen. „Wirtschaftliche Entwicklung" korreliert folglich eng mit „Wirtschaftlichem Wachstum".

Da die vorliegende Arbeit die Dynamik von Wachstum und Entwicklung in bestimmten Zeiträumen untersucht, wird zur Verdeutlichung des Zeitcharakters im Folgenden von „Wachstums- und Entwicklungsprozessen" gesprochen.[3]

Der „Wachstums- und Entwicklungsprozess" stellt also ein komplexes Gefüge dar. Charakteristisch für ihn ist der Auf- und Ausbau eines gesamtwirtschaftlichen Produktionspotenzials zur Versorgung der Bevölkerung mit Gütern und Dienstleistungen. Dies geschieht im Rahmen einer politischen und sozialen Ordnung innerhalb eines bestimmten Zeitraumes.

In dieser Arbeit werden vor allem die Wachstums- und Entwicklungsprozesse im 20. Jahrhundert untersucht, wobei der Schwerpunkt auf der zweiten Hälfte desselbigen liegt. Bewusst wird der Analyserahmen dabei um die Kolonialzeit im 19. Jahrhundert erweitert, da in dieser wichtige Grundlagen für den Aufstieg der zu analysierenden Ökonomien im vorigen Jahrhundert vermutet werden.

---

[3] Vgl. Hemmer, Hans-Rimbert, Wirtschaftsprobleme der Entwicklungsländer. Eine Einführung, 2. neubearbeitete und erweiterte Auflage, München 1988, S.3.

## 1.2.	Quellenlage und Forschungsstand

Diese Arbeit beruht auf Sekundärquellen. Zusätzlich wurden Tageszeitungen, vor allem die Frankfurter Allgemeinen Zeitung und eine Auswahl internationaler Fachzeitschriften herangezogen. Insbesondere Der Spiegel wurde von 1953 bis Heute ausgewertet.

Die Bücher zu diesem Thema weisen im Hinblick auf den Untersuchungsschwerpunkt quantitative wie auch qualitative Unterschiede auf. Viele Autoren versuchen, den Wachstumsprozess aus volkswirtschaftlicher Sichtweise zu erklären, es existieren allerdings nur wenige, die ihn aus historischer Perspektive betrachten. Gute deutschsprachige Literatur ist dabei seltener zu finden als englischsprachige. Erfreulicherweise bilden hierbei die Veröffentlichungen des Instituts für Asienwissenschaften in Hamburg eine Ausnahme.

Die für diese Studie relevanten wirtschaftlichen und historischen Untersuchungen umfassen sowohl Übersichtsdarstellungen als auch vertiefende Analysen.

Einen guten Überblick über den Wachstums- und Entwicklungsprozess der gesamten asiatisch-pazifischen Region bietet Bürklin (1993).[4] Dagegen beleuchtet Kindermann (2001) in seinem Werk vor allem die sozialhistorischen Entwicklungen seit der Mitte des 19. Jahrhunderts.[5]

Eine fundierte Darstellung, die Ursachen und Folgen des Wirtschaftswachstums Hongkongs analysiert, stellt die Monographie von Baumann (1983) dar.[6] Für die Untersuchung des Entwicklungspfades Singapurs war vor allem der Sammelband der Herausgeber Chew / Lee (1996) sehr wertvoll.[7]

Im Rahmen der Analyse des Wachstums- und Entwicklungsprozesses Koreas muss das ausführliche Werk von Mason (1980) hervorgehoben werden.[8]

---

[4] Vgl. Bürklin, Wilhelm P., Die vier kleinen Tiger. Die pazifische Herausforderung, 2. Auflage, München 1993 (im Folgenden zitiert als: Bürklin, Tiger).

[5] Vgl. Kindermann, Gottfried-Karl, Der Aufstieg Ostasiens in der Weltpolitik. 1840-2000, Stuttgart / München 2001 (im Folgenden zitiert als: Kindermann, Ostasien).

[6] Vgl. Baumann, Jörg, Determinanten der industriellen Entwicklung Hongkongs 1949-1979. Unter besonderer Berücksichtigung wirtschaftspolitischer Aspekte (Mitteilungen des Instituts für Asienkunde, 135), Diss., Hamburg 1983 (im Folgenden zitiert als: Baumann, Determinanten).

[7] Vgl. Chew, Ernest C. / Lee, Edwin (Hrsg.), A History of Singapore, 2. Auflage, Singapur u.a.1996.

Die Forschung zum Aufstieg des asiatisch-pazifischen Raumes konzentriert sich im Wesentlichen auf die Erklärung der Wachstumsdeterminanten aus volkswirtschaftlicher Perspektive. Es existieren vier Erklärungskonzepte zur Erforschung der Ursachen des wirtschaftlichen Erfolges der analysierten Länder.

Eine bedeutende Rolle nimmt dabei das neoklassische Erklärungskonzept ein. Unter der Ägide der Weltbank wird das Wachstum im asiatisch-pazifischen Raum vor allem auf ausländische Direktinvestitionen zurückgeführt.[9] Zur Erhöhung des Faktorinputs der wachsenden Ökonomien werden zusätzlich der Anstieg der Erwerbsbeteiligung, die hohen volkswirtschaftlichen Sparquoten, die Offenheit der Volkswirtschaften sowie die Zunahme des Bildungsniveaus verantwortlich gemacht.[10]

In Konkurrenz zur neoklassischen Denkrichtung stehen die Institutionalisten. Entwicklungsrückstände erklären sie vornehmlich aufgrund von Marktversagen. Sie betonen, vor dem Hintergrund keynesianischen Gedankengutes, die Rolle des regulierenden und planenden Staates.[11]

Der dritte, gerade von asiatischen Präsidenten häufig vertretene Erklärungsansatz, betont die Funktion „Asiatischer Werte" im Zusammenhang mit dem wirtschaftlichen Erfolg der aufstrebenden Ökonomien Ostasiens. Dabei heben die Kulturalisten, angelehnt an die „Protestantische Arbeitsethik" des Sozialwissenschaftlers Max Weber, die Überlegenheit der konfuzianischen Werte hervor.[12] Aus diesen resultiere eine Grundhaltung, die den Ländern dieses Kulturkreises eine besondere Stabilität und wirtschaftliche Dynamik verleihe.

Ein in Asien häufig anzutreffendes Erklärungsparadigma geht auf den japanischen Ökonomen Akamatsu zurück. Sein „Gänseflugmodell der wirtschaft-

---

[8] Vgl. Mason, Edward Sagendorph, The Economic and Social Modernization of the Republic of Korea (= Harvard East Asian monographs, 92), Cambridge MA 1980 (im Folgenden zitiert als: Mason, Modernization).

[9] Vgl. Tan, Gerald, The Asian currency crisis, Singapur 2000 (im Folgenden zitiert als: Tan, Currency crisis), S.42ff.

[10] Vgl. Mankiw, Gregory, Makroökonomik. Mit vielen Fallstudien, 4. überarbeitete Auflage, Stuttgart 2000, S.149.

[11] Vgl. Lachmann, Werner, Entwicklungspolitik. Grundlagen. Band 1, 2. überarbeitete Auflage, München / Wien 2004, S.87ff.

[12] Vgl. Ders., Entwicklungspolitik. Binnenwirtschaftliche Aspekte der Entwicklung. Band 2, München / Wien 1997, S.171.

lichen Entwicklung" betont die Bedeutung einer Importsubstitution für den Entwicklungsprozess.[13]

In diesem Zusammenhang verweist Akamatsu darauf, dass sich die Wachstums- und Entwicklungsprozesse der aufstrebenden asiatischen Ökonomien zwar in die gleiche Richtung entwickelten, allerdings auf verschiedenen Ebenen. Diese ergeben sich aus der Stufe ihrer ökonomischen Entwicklung und dem Grad der Industrialisierung.[14]

---

[13] Vgl. Lachmann, Werner, Entwicklungspolitik. Grundlagen. Band 1, 2. überarbeitete Auflage, München / Wien 2004, S.81ff.

[14] Vgl. Opitz, Peter, Von „fliegenden Wildgänsen" und „kleinen Tigern" – Die Wachstums- und Entwicklungsprozesse in der asiatisch-pazifischen Region in historischer Perspektive; in: Opitz, Peter (Hrsg.), Auf den Spuren der Tiger (=Bayerische Landeszentrale für politische Bildungsarbeit, A 102), München 1997, S.11-50, hier S.11.

1.3.   Vorgehensweise

Das Ziel dieser Arbeit ist die Darstellung und Analyse des Wachstums- und Entwicklungsprozesses von Hongkong, Singapur und Südkorea. Dies spiegelt sich in der Unterteilung des Hauptteils in drei Länderkapitel wider. Dabei sollen, zur Verdeutlichung von Gemeinsamkeiten, durch die Darstellung des jeweiligen Entwicklungsweges die Charakteristika der Wirtschaftssysteme sowie der soziale und politische Hintergrund aufgedeckt werden. Hierzu werden die oben vorgestellten theoretischen Forschungsansätze einbezogen. Zur Veranschaulichung des Entwicklungspfades wird innerhalb der Länderkapitel eine chronologische Vorgehensweise gewählt und der Pfad in verschiede Unterkapitel aufgeteilt. Einleitend werden jeweils die geographischen Begebenheiten und der historische Hintergrund vor Beginn der Kolonialzeit untersucht. Dieselbige wird im jeweiligen zweiten Teil näher analysiert. Im dritten Unterkapitel werden die Auswirkungen und Folgen des 2. Weltkrieges erforscht, der eine Zäsur in der Entwicklung aller untersuchten Ökonomien darstellt.

Die jeweils anschließenden Kapitel untersuchen den Wachstums- und Entwicklungsprozess in der zweiten Hälfte des 20. Jahrhunderts. Dabei wird geprüft, wie aus vormaligen „Entwicklungsländern" moderne Industriestaaten wurden sowie welche Voraussetzungen und Entwicklungsstrategien dies ermöglichten. Ergänzend werden die politischen, sozialen und wirtschaftlichen Rahmenbedingungen des Aufstiegs erläutert und einbezogen.

Ferner werden die einschneidenden Veränderungen und Krisen zu Beginn der 80er Jahre untersucht. Am Ende der jeweiligen Länderkapitel werden die Auswirkungen der asiatischen Finanzturbulenzen auf die Ökonomien von Hongkong, Singapur und Südkorea am Ende des 20. Jahrhunderts erklärt.

Zum Schluss werden in einer kritischen Reflexion und Bewertung die Ergebnisse der vorliegenden Studie dargestellt. Hierbei werden die Gemeinsamkeiten des Wachstums- und Entwicklungsprozesses von Hongkong, Singapur und Südkorea beleuchtet.

2. Der Wachstums- und Entwicklungsprozess Hongkongs

2.1. Der geographische und historische Hintergrund

Zum näheren Verständnis des Wachstums- und Entwicklungsprozesses Hongkongs werden nachfolgend die relevanten geographischen Rahmenbedingungen und historischen Hintergründe erläutert.

Die Hongkong Special Administrative Region of the People´s Republic of China (SAR) liegt an der südchinesischen Küste am östlichen Ausgang der Kanton-Bucht. Die Gebietsfläche umfasst 1099 km². Das Staatsgebiet besteht aus der Insel Hongkong, der Halbinsel Kowloon sowie den „New Territories", die das anschließende Hinterland von Kowloon und 236 meist unbewohnbare Inseln umfassen; die größten hiervon sind Lantao und Cheung Chau im Westen und die Lamma Inseln im Süden. Es herrscht ein subtropisches Sommerregenklima vor. Im April 2006 lebten 6,97 Millionen Einwohner in Hongkong. Die Bevölkerung ist ethnisch sehr homogen und besteht zu 95 Prozent aus Chinesen. Amtssprachen sind Chinesisch und Englisch. Der überwiegende Anteil der Bevölkerung bekennt sich zum Taoismus und zum Buddhismus. Das Bruttoinlandsprodukt lag im Jahr 2005 bei 177,21 Milliarden US-Dollar, woraus ein Bruttoinlandsprodukt pro Kopf von 25.549 US-Dollar folgt. Der Stadtstaat Hongkong ist gemäß eines zwischen China und Großbritannien unterzeichneten Vertrags seit dem 01. Juli 1997 eine Sonderverwaltungszone und ist somit der Souveränität Chinas unterstellt. Das aktuelle Staatsoberhaupt ist der Staatspräsident der Volksrepublik China Hu Jintao.[15]

Hongkongs wirtschaftlicher Aufstieg begann damit, dass Großbritannien nach der friedlichen Aufnahme von Handelsbeziehungen mit China im Jahre 1699 nach einem unabhängigen Wohn- und Handelsplatz in dieser Region suchte. Die ausgezeichnete Lage an der Küste Südchinas begünstigte die Insel Hongkong als Standort zur Erschließung Chinas und Ostasiens. Natürliche Standortvorteile waren der Tiefwasserhafen, der auch Schutz vor Taifunen

---

[15] Vgl. www.auswaertiges-amt.de/diplo/de/Laender/Hongkong.html (abgerufen am 12. Juli 2006).

bot sowie die günstige Lage am Delta des Perlflusses. Hierdurch konnten weite Teile Südchinas verkehrsmäßig erschlossen werden. Dies gilt insbesondere für Macao auf der gegenüberliegenden Seite des Perlflusses und Kanton landeinwärts oberhalb des Mündungstrichters. Die Bedeutung Hongkongs für England ergab sich aus der freiwillig gewählten Abschottung Chinas.

Quelle: www.hongkong.bechold-online.de/ images/HongkongMap.jpg (abgerufen am 10. Juli 2006).

Abb.1 : Geographische Landkarte Hongkong

In Folge dessen musste der gesamte europäisch-chinesische Handel im Zusammenspiel mit dem chinesischen Kanton und der portugiesischen Kolonialmetropole Macao abgewickelt werden. Kanton war aufgrund eines kaiserlichen Edikts von 1757 der einzige Außenhandelshafen Chinas. Der Handel wurde auf chinesischer Seite seit dem Jahr 1782 durch eine Gruppe von privilegierten Kaufleuten (Co-Hong) unter Aufsicht eines kaiserlichen Beamten (Hoppo) abgewickelt. Macao diente hierbei als Wohnsitz, denn Europäer durften sich in ihren Faktoreien in Kanton nur während der Handelssaison aufhalten.[16] So entwickelte sich als Folge dieser Restriktionen die Insel Hongkong schon sehr früh als inoffizieller Flottenstützpunkt und Handelsplatz vor allem für Großbritannien.

---

[16] Vgl. Krieger, Martin, Geschichte Asiens. Eine Einführung (=Geschichte der Kontinente, 1), Köln u.a. 2003 (im Folgenden zitiert als: Krieger, Asien), S.59f.

2.2.   Der britische Chinahandel und die frühindustrielle   Entwicklung in Hongkong (1842 bis 1941)

Zu Beginn des 19. Jahrhunderts wuchs der britische Chinahandel stetig an. Begehrte Importgüter aus China waren Tee und Seide. Im Gegenzug fanden englische Wollprodukte über den Zwischenhandel in Hongkong ihren Weg zu chinesischen Abnehmern.[17] Da die Nachfrage nach chinesischen Waren die Nachfrage nach englischen Waren überwog, importierten die Engländer aus Indien das Rauschgift Opium, um damit die chinesischen Produkte zu bezahlen.[18] Dies führte zu einer zunehmenden Zahl von Opiumabhängigen und einer Verschlechterung der chinesischen Zahlungsbilanz, so dass der chinesische Kaiser die Einfuhr von Opium bereits im Jahre 1729 verbot.[19] Das Importverbot begünstigte die Entwicklung der Insel Hongkong zu einem Umschlagsplatz für den illegalen Handel schon Jahrzehnte vor der Erklärung zur englischen Kronkolonie.

Als Reaktion auf das rigorose Vorgehen der Chinesen gegen den Opiumhandel, die englisches Opium beschlagnahmten und verbrannten, brach der von 1840 bis 1842 andauernde 1. Opiumkrieg aus.[20] Unter Führung von Charles Elliot besetzte Großbritannien schließlich am 26. Januar 1841 die Insel Hongkong. Durch den Vertrag von Nanjing übergab China nach seiner militärischen Niederlage die Souveränitätsrechte von Hongkong an Großbritannien.[21] Als nun verfassungsgemäß englische Kronkolonie erhielt Hongkong den Status eines Freihafens. Dadurch wurde ein legaler Standort für den Opiumschmuggel geschaffen, der die wichtigste Einnahmequelle der neuen Kolonie darstellte. Des Weiteren verlagerten nach der Konstituierung der Kronkolonie zahlreiche Handelsunternehmen sukzessiv ihr Überseegeschäft

---

[17] Vgl. Wong, John Y., Deadly Dreams. Opium imperialism and the Arrow War (1856-1860) in China, Cambridge u.a. 1998, S.337f.

[18] Vgl. Pilny, Karl, Das asiatische Jahrhundert. China und Japan auf dem Weg zur neuen Weltmacht, Frankfurt 2005, S.78.

[19] Vgl. Kindermann, Ostasien, S.30.

[20] Vgl. Heilmann, Sebastian, Kurze Geschichte der Volksrepublik China; in: Bundeszentrale für politische Bildung (Hrsg.), Die Volksrepublik China (= Information zur politischen Bildung, 289), Bonn 2005, S.5-8, hier S.6.

[21] Vgl. Kindermann, Ostasien, S.34f.

von Kanton und Macao nach Hongkong. Hierzu zählte unter anderem das 1832 in Kanton gegründete und bis heute in dieser Region einflussreiche Handelsunternehmen Jardine Matheson & Co., das seinen Hauptsitz von Kanton nach Hongkong verlagerte.[22] Dabei galt Hongkong von Anfang an nicht nur als Handelsstützpunkt, sondern auch als eine strategische Kolonie. Seine Eroberung erfolgte nach Vorgabe der Krone vom 3. Juni 1843 *„not with a view of colonisation, but for diplomatic, military and commercial purposes"*.[23] Zur Erweiterung der Privilegien des Nanjing Vertrages wurde von 1856 bis 1860 der 2. Opiumkrieg geführt.[24] Durch den Vertrag von Peking vom 24. Oktober 1860 konnte Hongkong seine Grundfläche durch die Annektierung der Halbinsel Kowloon entscheidend erweitern.[25] Dies war dringend notwendig, da die Insel Hongkong nicht genügend Platz für neue Docks und Lagerhäuser bot. Neben dieser territorialen Erweiterung stärkte der 2. Opiumkrieg die wirtschaftliche Lage durch weitere Übersiedlungen von Handelsunternehmen nach Hongkong. Innerhalb weniger Jahre entwickelte sich Hongkong nun neben Singapur zur wichtigsten Drehscheibe des asiatischen Überseehandels innerhalb des Common Wealth. Die Entwicklung Hongkongs wurde in den folgenden Jahren durch den Tiefseehafen weiter begünstigt, da dieser nach dem Aufkommen von größeren Schiffseinheiten als einziger Anlaufpunkt zwischen Schanghai und Singapur tief genug war.

Eine weitere territoriale Erweiterung erfuhr Hongkong im Jahre 1898. Bedingt durch den zunehmenden Niedergang der Mandschu-Dynastie und der Aufteilung Chinas in Interessensphären der damaligen Großmächte erwarben die Briten die „New Territories" zeitlich beschränkt bis zum 01. Juli 1997. Hierdurch wurde das Staatsgebiet von 99 km² auf 1000 km² nahezu verzehnfacht. Die Pachtverträge erfolgten ohne englische Gegenleistung und galten in China als „Ungleiche Verträge".[26] Des Weiteren profitierte die Wirtschaft

---

[22] Vgl. Shiva Ramu, Shivanna, The Dragons of Asia. Asia-Pacific Rim Countries and Their Multinationals. New Delhi u.a. 1995, S.210.

[23] Endacott, George Beer, A History of Hongkong, 3. Auflage, Hongkong 1977 (im Folgenden zitiert als: Endacott, History), S.38.

[24] Vgl. Wong, John, Deadly Dreams. Opium and the Arrow War (1856-1860) in China, Cambridge 1998, S.487ff.

[25] Vgl. Kindermann, Ostasien, S.38f.

[26] Vgl. Schryen, Rainer, Hongkong und Shenzhen. Entwicklung, Verflechtung und Abhängigkeiten. Eine wirtschaftsgeographische Untersuchung (= Mitteilungen des Instituts für Asienkunde, 202), Hamburg 1992 (im Folgenden zitiert als: Schryen, Shenzhen), S.26f.

Hongkongs vom Aufbau eines Verkehrs- und Nachrichtenwesens. Dies erfolgte aufgrund einer zunehmenden militärischen Befestigung Hongkongs zur Absicherung der politischen Vorherrschaft Großbritanniens in Ostasien.[27]

Die Gebietserweiterungen von 1898 schufen die räumlichen Voraussetzungen
für die Ansiedlung von vielfältiger Industrie. Diese neuen Industriezweige entwickelten sich zu Beginn des 20. Jahrhunderts durch Veredlung von Zwi-
schenhandelsgütern, wodurch sich deren Wiederausfuhrwert erhöhte. Den
Leitsektor stellte hierbei die Baumwoll- und Textilindustrie dar.[28] Dessen Ausbau wurde durch Lieferschwierigkeiten bei europäischen Produkten während
des 1. Weltkrieges noch begünstigt. Der Abbau von Handelsbeschränkungen
durch die „Imperial Preferences", die 1932 zwischen den Common Wealth
Mitgliedern im „Ottawa Agreement" abgeschlossen wurden, stimulierte den
Außenhandel weiter.[29] Daneben profitierte die Wirtschaft der Kronkolonie
durch den Ausbruch des Chinesisch-Japanischen Krieges im Jahre 1937. In
Folge der japanischen Invasion verlagerten zahlreiche chinesische und besonders auch ausländische Unternehmen, vornehmlich aus Schanghai, ihre
Fabriken nach Hongkong.[30]

Zusammenfassend lässt sich deshalb feststellen, dass die Wirtschaft der
Kronkolonie Hongkongs nach der Gründung bis zur Besetzung Japans stark
durch den britischen Chinahandel geprägt war. Die sich daraus entwickelnde
industrielle Struktur war zunächst bescheiden, wurde aber durch handels-
politische Faktoren in ihrem Wachstum begünstigt.

---

[27] Vgl. Bürklin, Tiger, S.70ff.
[28] Vgl. Baumann, Determinanten, S.5ff.
[29] Vgl. Opitz, Peter, Hongkong – „Tiger" auf Abruf?; in: Opitz, Peter (Hrsg.), Auf den Spuren
der Tiger. Entwicklungsprozesse in der asiatisch-pazifischen Region (=Bayerische Landeszentrale für Politische Bildungsarbeit, A 102), München 1997 (im Folgenden zitiert als:
Opitz, Hongkong), S.53. Vom Abbau der Zölle profitierten auch die neuen Wirtschaftszweige der Schirm- und Elektroindustrie.
[30] Vgl. Wong, Siu-Lun, Emigrant Entrepreneurs. Shanghai Industrialists in Hongkong, Hongkong 1988 (im Folgenden zitiert als: Wong, Emigrant), S.18ff.

2.3. Die Auswirkungen und Folgen des 2. Weltkrieges (1941 bis 1949)

2.3.1. Die japanische Okkupation

Die japanische Expansion in Ostasien erreichte am 08. Dezember 1941 auch die englische Kronkolonie. Dem durch interne Konflikte geschwächten China gelang es nicht, die japanische Offensive zurückzudrängen.[31]

Nach heftigem Widerstand kapitulierten die Truppenverbänden des Britischen Empires schließlich am ersten Weihnachtstag 1941.[32]

Durch die japanische Besetzung erlitt die prosperierende Kolonie einen schweren Rückschlag.[33] Der die Wirtschaft dominierende Überseehandel und die Lebensmittelversorgung kamen vollständig zum Erliegen. Industrieanlagen wurden zerstört, um nicht in die Hände der Feinde zu fallen. Der Niedergang wurde durch Demontagen der Japaner sowie starker Schäden in Folge alliierter und japanischer Luftangriffe verstärkt. Die verbleibende Industrieproduktion richtete sich auf die japanischen Bedürfnisse der Kriegswirtschaft aus.

Während der Besatzungszeit reduzierte sich die Bevölkerung durch japanische Deportationen und Flucht dramatisch.[34]

Im August 1945 kam es, nach Besetzung des Hafens durch Einheiten der britischen Pazifikflotte, zur Rückkehr Großbritanniens. Die Kapitulation der Japaner wurde von der britischen Regierung angenommen.[35]

Zusammenfassend stellte die japanische Okkupation durch den Zusammenbruch des internationalen Handels und der Industrie einen empfindlichen Rückschlag für die wirtschaftliche Entwicklung Hongkongs dar. Die Bevölkerung wurde dezimiert und die Infrastruktur zum Großteil zerstört. Am Ende des Krieges lag die vormalige blühende Handelsmetropole in Trümmern.

2.3.2. Die Nachkriegszeit (1946-1949)

---

[31] Vgl. Sun, Youli, China and the origins of the Pacific War. 1931-1941, New York 1993, S.87-109, hier S.103.
[32] Vgl. Kindermann, Ostasien, S.281.
[33] Vgl. Kullmann, Claudio, Hongkong; in: Neu, Michael / Gieler, Wolfgang / Bellers, Jürgen (Hrsg.), Handbuch der Außenwirtschaftspolitik. Staaten und Organisationen. Band 1, Münster 2004, S.418ff. hier S.418.
[34] Vgl. Bürklin, Tiger, S.72.
[35] Vgl. Endacott, History, S.304.

Nach dem Kriegsende lebten ca. 600.000 Menschen in Hongkong.[36] Doch die
Einwohnerzahl stieg durch Rückkehrer und Flüchtlinge des chinesischen
Bürgerkriegs wieder schnell auf 1,8 Millionen Einwohner im Jahr 1947 an.
Somit wurde wieder nahezu das Vorkriegsniveau erreicht.[37]

Die wirtschaftliche Not der Nachkriegszeit führte dazu, dass kommunistische
und sozialistische Organisationen großen Zulauf erhielten. Auch der zunehmende Erfolg der chinesischen, kommunistischen Volksbe-freiungsarmee
verstärkte diesen Trend. Zur Eindämmung dieser Entwicklung wurde parallel
in London und in Hongkong im Jahre 1947 der „Youngplan" vorgestellt. Dies
geschah vor dem Hintergrund der Aufgabe der Kolonie nach einem Sieg der
von Großbritannien unterstützten Nationalisten im Chinesischen Bürgerkrieg.[38] Grundlage des nach dem Gouverneur benannten Plans war das Ver-
sprechen an die Einwohner für „ ...a fuller and more responsible share in the
managment of their own affairs." [39] Neben dem Ziel der Einführung von
demokratischen Wahlen war der Ausbau der schon vor dem Krieg eingeführ-
ten Sozialpolitik nach britischem Vorbild der Zweck dieses Plans. Hierzu gehörten auch der Ausbau des Bildungs- und Gesundheitswesen sowie eine
zunehmende Anzahl von Regelungen der Arbeitsbeziehungen. Grundlage für
diese Entwicklung waren die ersten Nachkriegswahlen in Großbritannien, die
im Jahre 1945 zur Bildung einer Labourregierung führten.[40] Dies begünstigte
die gewerkschaftliche Bewegung in Hongkong. Bereits im Jahre 1946 kam es
zur Vereinbarung von Tariflöhnen. Zur Erhöhung derselbigen fanden 1947
umfassende Arbeitskämpfen statt.[41]

Die Maßnahmen des „Youngplanes", die mittelfristig zu einer demokratischen
Dekolonisierung führen sollten, wurden aber mit dem sich abzeichnenden
Erfolg der Kommunisten in China und der Verschärfung des Ost-West Kon-

---

[36] Vgl. Bürklin, Tiger, S.77.
[37] Vgl. Census & Statistics Department (Hrsg.), Hongkong Statistics 1947-1967, Hongkong
  1969 (im Folgenden zitiert als: Census, Statistics), S.14.
[38] Vgl. Ebd., S.75.
[39] Endacott, History, S.308.
[40] Vgl. Pelling, Henry, The Labour goverments 1945-1951, London 1984, S.17-35, hier S.40.
[41] Vgl. Turner, Herbert A., The last colony, but whose? A study of the labour movement, labour market and labour relations in Hongkong (=Paper in industrial relation and labour, 5),
  Cambridge u.a. 1980, S.21.

flikts Makulatur.[42] Die britische Regierung beschloss nun, Hongkong als Bollwerk gegen den Kommunismus in Ostasien auszubauen. Die im „Youngplan" anvisierten demokratischen Reformen wurden wieder zurückgenommen.
Zusätzlich wurde ein restriktiver Kurs gegenüber den Gewerkschaften einge-
schlagen und die politische Abhängigkeit von der Kolonialregierung endgültig
wieder hergestellt.

Die Entschlossenheit der Briten wurde durch die Erhöhung der militärischen
Präsenz auf eine 30.000 Mann starke Garnison deutlich. Somit erlangte
Hongkong aufgrund des Ost-West Konfliktes, wie im Vorfeld der japanischen
Besetzung, wieder den Status quo ante einer strategischen Kolonie.

Zusammenfassend brachten die Jahre 1946-1949 eine Verschlechterung der
Wettbewerbsposition Hongkongs, bedingt durch die Erhöhung der Arbeitskosten und der abnehmenden politischen Stabilität der Kolonie. In der Zeit
zwischen 1946 bis 1949 stiegen die Lohnkosten stärker an als die Produktivität.[43] Der Kurs der angestrebten Dekolonisierung wurde vor dem Hintergrund
des Ost-West-Konflikts aufgegeben. Hongkong erhielt somit seine alte Funktion als strategische Kolonie zur Sicherung der britischen Einflusssphäre in
Ostasien wieder.

2.4. Die wirtschaftliche Transformation – Vom Handel zur Produktion (1949 bis 1979)

2.4.1. Die Voraussetzungen für den Aufbau einer Fertigungsindustrie

a) *Niedergang des Zwischenhandels*

Im Zeitraum von 1949 bis 1979 kam es zu einem Wandel der Wirtschaftsstruktur Hongkongs. Diese Transformation lässt sich auf verschiedene Ursachen zurückführen.

---

[42] Vgl. Kindermann, Ostasien, S.330.
[43] Vgl. Turner, Herbert A., The last colony, but whose? A study of the labour movement, labour market and labour relations in Hongkong (=Paper in industrial relation and labour, 5),
Cambridge u.a. 1980, S.21.

Am 1. Oktober 1949 errichteten die im Bürgerkrieg erfolgreichen Kommunisten unter der Führung Maos die VR China.[44] Dies stellte eine Zäsur für die wirtschaftliche Entwicklung Hongkongs dar. Ab diesem Zeitpunkt ging der traditionelle Zwischenhandel nieder. Zurückführen lässt sich die Entwicklung auf zwei Faktoren.

Erstens entwickelte sich eine engere politische Zusammenarbeit mit der Sowjetunion.[45] Daraufhin verschob sich der Schwerpunkt der Handelsaktivitäten der VR China weg von den westlichen Ländern hin zu den Ostblockstaaten. Hierdurch verlor Hongkong seine Rolle als Stapelplatz für den chinesischen Außenhandel.[46]

Der entscheidende Wendepunkt war zweitens der Eingriff Chinas in den Koreakrieg.[47] In Folge dessen verhängten die USA im Dezember 1950 ein nahezu vollständiges Embargo über den gesamten Handel mit China. An dieses schlossen sich die Vereinten Nationen im Mai 1951 mit einem Handelsembargo für strategisch wichtige Güter gegen die VR China an.[48] Der Beschluss der Vereinten Nationen wurde von der britischen Kolonialregierung umgehend umgesetzt. Das Embargo traf die Kolonie als traditioneller Umschlagsplatz des Chinahandels hart, führte zu einem Rückgang des Exports und einer empfindlichen Dämpfung des Wirtschaftswachstums. Der Anteil der chinesischen Exporte, die über Hongkong abgewickelt wurden, sank von 35,8 Prozent im Jahre 1951 auf unter ein Prozent im Jahr 1960.[49] Auch wenn der Überseehandel damit seine dominierende Stellung in der Wirtschaft Hongkongs verlor, so konnte aber die neu entstehende Industrie auf den Erfahrungen der Händler aufbauen. Dies ergab sich unter anderem aus den überseeischen Geschäftsverbindungen, dem Wissen über Finanzierung und Versicherung des Außenhandels sowie dem weit verzweigten Schifffahrtsnetz.[50]

b)   *Zustrom von Unternehmen, Kapital und Arbeitskräften*

---

[44] Vgl. Walker, Richard, China unter dem Kommunismus. Die ersten fünf Jahre, Stuttgart 1956, S.24.

[45] Vgl. Weggel, Oskar, China (=Beck'sche Reihe, 807), 5. völlig neubearbeitete Auflage, München 2002, S.80.

[46] Vgl. Chen, Edward, The economic setting; in: Lethbridge, David (Hrsg.), The business enviroment in Hongkong, 3. Auflage, Hongkong 1995, S.1-38, hier S.3.

[47] Vgl. Kindermann, Ostasien, S.348ff.

[48] Vgl. Opitz, Hongkong, S.55.

[49] Vgl. Bürklin, Tiger, S.76.

[50] Vgl. Endacott, History, S.316.

Die Substitution des sich im Abschwung befindlichen Zwischenhandels durch eine neu entstehende Fertigungsindustrie wurde aufgrund eines stetigen Zuflusses von Kapital, Unternehmen und Arbeitskräften begünstigt. Ähnlich wie im Chinesisch-Japanischen Krieg (vgl. Kapitel 2.2.) verlagerten zahlreiche Unternehmen ihre Geschäftätigkeit während des chinesischen Bürgerkrieges nach Hongkong. Der überwiegende Teil der chinesischen und ausländischen Betriebe, vorwiegend britische, siedelte aus dem Großraum Schanghai über, welcher bis zu dieser Zeit der wichtigste Industriestandort war[51]

Als sich das Ende des Bürgerkriegs im Jahr 1949 mit einem Sieg der Kommunisten abzeichnete, wurden in den Industriezentren der Küstenregion komplette Industrieanlagen ab- und in Hongkong wieder aufgebaut.[52] Hierunter befanden sich neben den ausländischen Unternehmen unter anderem die großen chinesischen Textilfabrikanten Wang und Lee, außerdem Reedereien wie Y.K. Pao.[53]

Hongkong profitierte dabei nicht nur von deren kaufmännischen Erfahrungen und Kapital. Auch durch das mitgebrachte technische Talent der Flüchtlinge wurde der Strukturwandel Hongkongs zum Industriestandort akzeleriert.[54]

Speziell die Textil- und Bekleidungsindustrie entwickelte sich weiter zum Leitsektor sowie zur führenden Exportindustrie.[55] (vgl. Kapitel 2.2).

Hierdurch profitierte Hongkong erneut von der Rolle als Zufluchtsort eines wirtschaftlich aktiven Unternehmertums, welches sich aus der VR China zurückziehen musste. Daneben gewann die Kolonie vor dem Hintergrund kommunistischer Agitation in Malaya, Indonesien und Indochina an Attraktivität für ausländische Investitionen. Die Kronkolonie war insgesamt gesehen der politisch stabilste Standort in der asiatisch-pazifischen Region.

---

[51] Vgl. Wong, Emigrant, S.42 ff. Bis 1949 war Shanghai das industrielle Zentrum von China. Sechzig Prozent aller modernen Fabriken, vornehmlich Textilindustrie, waren in der Stadt zu finden und mehr als die Hälfte des Chinesischen Außenhandels wurde hier abgewickelt. Gegenüber der kosmopolitischen Metropole war Hongkong ein kleines Fischerdorf.
[52] Vgl. Ebd. S.18ff.
[53] Vgl. Opitz, Hongkong, S.56.
[54] Vgl. Wong, Emigrant, S.57ff.
[55] Vgl. Baumann, Determinanten, S.12ff.

Die aufstrebende Fertigungsindustrie in Hongkong profitierte nicht nur vom Unternehmertum, sondern auch von einem unaufhörlichen Zustrom von billigen Arbeitskräften. Zwischen 1949 bis 1959 erreichten über eine Millionen Flüchtlinge Hongkong.[56] Vergleichbare Fluchtwellen gab es nur noch im Jahre 1961/62 durch den „großen Sprung nach Vorne" sowie 1966/67 im Verlauf der Kulturrevolution. Die anhaltende Zuwanderung von neuen Einwohnern wirkte auf Hongkong wie ein Konjunkturprogramm. Es entstand ein Nachfrageschub auf dem Wohnungs- und Konsumgütermarkt. Von besonderer Bedeutung war außerdem der sich aus dem Überangebot von Arbeitskräften ergebende regulative Effekt auf die Arbeitskosten. Dadurch stiegen die Reallöhne deutlich langsamer als die Produktivität. So wurde die Rentabilität der Investitionen in Hongkong stark erhöht.[57] Bedingt durch das Arbeitskräfteangebot wurde eine flexible und marktgesteuerte Anpassung der Arbeitskosten möglich. Auf diese Weise bot der Standort Hongkong einen erheblichen Wettbewerbsvorteil, insbesondere für die arbeitsintensive Textilindustrie.

c)   *Schwache Gewerkschaften*

Neben dem Überangebot an Arbeitskräften erklären sich die niedrigen Arbeitskosten vor allem durch die Schwächung der Gewerkschaften. Auf eine erhöhte Streikbereitschaft in den Nachkriegsjahren reagierte die Kolonialregierung im Jahre 1948 mit einer restriktiven Novellierung des Arbeits- und Gewerkschaftsrechtes. Neben verschiedenen Auflagen für die Gewerkschaften erhielt der Gouverneur in diesem Gesetz weit reichende Befugnisse, mit denen er Streiks verbieten und eine Arbeitspflicht bestimmen konnte.[58] Die Finanzierung der Gewerkschaften durch politische Organisationen wurde verboten, auswärtigen Gewerkschaftsführern die Arbeit untersagt. Das wichtigste Instrument der Regierung war die Ausweisung – in der Regel nach China. Dennoch resultierte die rückläufige Zahl der Arbeitskämpfe nicht nur aus der strengen Gesetzgebung, sondern ging auch auf eine abnehmende

---

[56] Vgl. Bissing, Wilhelm Moritz von, Ostasiatische Studien zur Wirtschaft und Gesellschaft in Thailand, Hongkong und Japan, Berlin 1962, S.74.

[57] Vgl. Chen, Edward, The economic setting; in: Lethbridge, David (Hrsg.), The business enviroment in Hongkong, Hongkong 1995, S.1-38, hier S.13-21.

[58] Vgl. Bürklin, Tiger S.82ff.

Konfliktbereitschaft innerhalb der Gewerkschaften selbst zurück. Die Umorientierung der stark von China beeinflussten Vereinigungen ließ sich auf zwei Faktoren zurückführen. Erstens fürchtete China ein militärisches Eingreifen der USA im Rahmen ihrer Containment Strategie.[59] Hierbei garantierten die Amerikaner Schutz für Hongkong im Falle einer kommunistischen Bedrohung. Das zweite Motiv Chinas, von einer Intervention in Hongkong abzusehen, ergab sich aus der Hoffnung auf Aufhebung der außenpolitischen Isolation und des Handelsembargos in Folge des Koreakrieges. Das Embargo hatte die VR China empfindlich getroffen, da das Land Ende der 40er Jahre stark auf den Import von westlichen Gütern und Technologien angewiesen war.[60] In Hongkong erwiesen sich die Kontrollen als lückenhaft, so dass über Agenten die benötigten Importe nach China erfolgten. Damit erhielt Hongkong inoffiziell wieder seine Funktion als Schnittstelle des Chinahandels und „Tor des Westens" für die VR China. Da diese ein strategisches Interesse an einem wirtschaftlich und politisch stabilen Hongkong besaß, minderte es seine Unterstützung für die Gewerkschaftsbewegung.

d)   Positive Nichtintervention

Begünstigt wurde die Entwicklung Hongkongs durch die Grundsätze des wirtschaftlichen Liberalismuses. Bedingungslos galten in Hongkong die Grundsätze des Laisser-faire und garantierten eine scheinbar permanente Erneuerung und „schöpferische Zerstörung" von Produktionsstruktur und Humankapital. Somit wurden in Hongkong die Prinzipien des Freihandels konsequent angewandt. Markteintrittsbarrieren fehlten gänzlich und erfolgreiche Pioniere in einer Marktnische wurden umgehend imitiert. Langfristige Beziehungen zwischen Unternehmer und Beschäftigten waren selten zu finden.[61] Die Kronkolonie profitierte daher von einem prosperierenden Unternehmertum, welches sich häufig aus ehemaligen Angestellten rekrutierte, die durch eine

---

[59] Vgl. Opitz, Hongkong, S.16ff.
[60] Vgl. Kraus, Willy, Wirtschaftliche Entwicklung und sozialer Wandel in der Volksrepublik China, Berlin u.a. 1979, S.28ff.
[61] Vgl. Röpke, Jochen, Hongkong; in: Draguhn, Werner (Hrsg.), Asiens Schwellenländer. Dritte Weltwirtschaftsregion? Zur wirtschaftlichen Entwicklung der „Vier kleinen Tiger" sowie Thailands, Malaysias und Indonesiens (= Mitteilungen des Instituts für Asienkunde Hamburg,195), Hamburg 1995, S.82-115, hier S.92ff.

Produktverbesserung eine Marktnische erschließen konnten.[62] Aufgrund einer effizienten Verwaltung wurde ein hervorragendes Investitionsklima geschaffen.[63] Der Staat beschränkte sich dabei auf seine durch Adam Smith beschriebenen Funktionen, wie zum Beispiel die Rechtspflege. Eine gezielte Industriepolitik, wie beispielsweise in Singapur oder Korea, war nur in Ansätzen zu erkennen. Diese Beschränkung des Staates auf seine „Nachtwächterposition" wurde in Hongkong als „Positive Nichtintervention" charakterisiert. Hongkong scheint somit ein Musterbeispiel des neoklassischen Entwicklungsparadigmas zu sein und fiel somit aus dem ostasiatischen Entwicklungsmuster heraus.[64]

Zusammenfassend stellte die Gründung der VR China eine Zäsur für den Wachstums- und Entwicklungsprozess Hongkongs dar.

Der aufstrebende Kommunismus in China und im Ausland brachte in der Nachkriegszeit Sach- und Finanzkapital in Höhe von mehreren Milliarden Hongkong-Dollar in die Kronkolonie. Zusätzlich wurde der Aufbau einer Fertigungsindustrie durch einen Zustrom billiger Arbeitskräfte aus China forciert.

Eine weitere Determinante des Wachstums war die erzwungene Kooperationsbereitschaft der Gewerkschaften. Die sich einerseits durch externe Faktoren, wie der restriktiven Gesetzgebung und der fehlenden Unterstützung durch China, erklären lässt. Andererseits war dieser Kurs auf Dauer nur durchsetzbar, da seitens der Gewerkschaften die Bereitschaft bestand, die eingeschlagene liberale Wirtschaftspolitik mitzutragen.

Schließlich resultierte der wirtschaftliche Aufschwung Hongkongs aus einem Faktorenbündel. Der Niedergang des Zwischenhandels, der Zustrom von Kapital, Unternehmen und Arbeitskräften, die schwachen Gewerkschaften und die im weiteren Sinne „Positive Nichtintervention" der Kolonialregierung, ermöglichten den wirtschaftlichen Aufstieg Hongkongs im Zeitraum von 1949 bis 1979. Hongkong wandelte sich vom Händler zum Produzenten.

---

[62] Vgl. N.N., Abschied von Hongkong (III). Peking und die Superreichen; in: Spiegel, 24/1997, S.157-165, hier S.157f.

[63] Vgl. N.N., Hongkong. Eine Drachenfrau für Peking; in Spiegel, 27/1997, S.122-127, hier S.122.

[64] Vgl. Röpke, Jochen, Hongkong; in: Draguhn, Werner (Hrsg.), Asiens Schwellenländer. Dritte Weltwirtschaftsregion? Zur wirtschaftlichen Entwicklung der „Vier kleinen Tiger" sowie Thailands, Malaysias und Indonesiens (= Mitteilung des Instituts für Asienkunde Hamburg, 195), Hamburg 1995, S.82-115, S.92ff.

2.4.2.   Der industrielle Aufstieg

a)   *Etablierung des Industriesektors (1949 bis 1960)*

Vor dem Hintergrund der in Kapitel 2.4.1 beschriebenen Faktoren entwickelte sich in Hongkong eine aufstrebende Fertigungsindustrie. Speziell die Textil- und Kleidungsindustrie verdankte ihre hervorragende internationale Wettbewerbsposition den günstigen Produktionskosten, basierend auf dem niedrigen Lohnniveau im Vergleich zu der Textilwirtschaft in den USA und Europa. Weitere Aspekte sind Erfahrungen aus den Vorkriegsjahren sowie die Verlagerung der Textilindustrie aus Schanghai nach Hongkong. So wurde die Textilindustrie zu einer auf dem neusten technischen Stand ausgerüsteten Industrie.[65] Daneben kam es ab Mitte der 50er zu einem rasanten Anstieg der Plastik verarbeitenden Industrie. Aus wenigen Betrieben mit einigen 100 Beschäftigten entstand bis 1960 ein Industriezweig mit nahezu 15.000 Beschäftigten. Hierbei spielen die Produktion von Plastikblumen und Spielzeug eine besondere Rolle.[66] Förderlich für den Absatz der Industriegüter waren weiterhin die „Imperial Preferences", die für Hongkong Zollvergünstigungen innerhalb des Commonwealth vorsahen.[67] Dadurch wurde die Industrie Hongkongs in der Aufbauphase durch eine Außenhandelsverflechtung vor allem gegen Japan geschützt. Die Protektion wurde später auch gegenüber Taiwan und Südkorea hilfreich.[68]

Wirtschaftspolitisch kam es des Weiteren zu einer Modifikation der Laisserfaire Politik. Die Regierung förderte den Ausbau der arbeits- und exportintensiven Verbrauchsgüterindustrien durch Investitionen in die Infrastruktur und den Aufbau der Industriesatellitenstadt Kwun Tongs, die der chinesische

---

[65] Vgl. Baumann, Determinanten, S.49.

[66] Vgl. N.N., Abschied von Hongkong (III). Peking und die Superreichen; in: Spiegel, 24/1997, S.157-165, hier S.157f.

[67] Vgl. www.feer.com/articles/archive/1955/5507_28/PO24html (abgerufen am 31. August 2006).

[68] Vgl. Baumann, Determinanten, S.33.

Unternehmerverband forderte.[69] Darüber hinaus wurde die Ausbildungsförderung auf industrielle Bedürfnisse ausgerichtet.[70]

Die erfolgreiche Industrialisierung spiegelte sich auch in der Entwicklung des Bruttoinlandsproduktes wider. Das starke Wachstum im Jahre 1950 lässt sich auf einen Boom während des Koreakrieges zurückführen, in dessen Folge Hongkong die Funktion eines zentralen Umschlagsplatzes für kriegswichtige Güter zukam.

Zusätzlich wurde der Hongkong-Dollar am 18. September 1949 um 30,5 Prozent zur Exportförderung abgewertet, was den wirtschaftlichen Aufschwung ebenfalls förderte.[71]

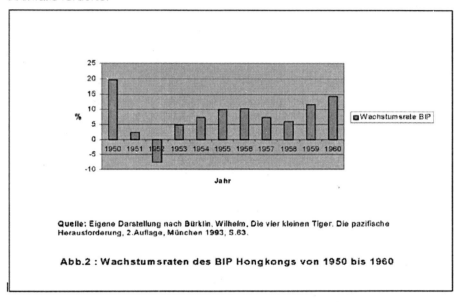

Quelle: Eigene Darstellung nach Bürklin, Wilhelm, Die vier kleinen Tiger. Die pazifische Herausforderung, 2.Auflage, München 1993, S.63.

Abb.2 : Wachstumsraten des BIP Hongkongs von 1950 bis 1960

Nach Verhängung des Embargos gegen die VR China kam es 1951/1952 zu einem Wachstumseinbruch aufgrund des Niedergangs des Zwischenhandels.[72] Aber schon 1953 zeigten die Bemühungen des Aufbaus einer Fertigungsindustrie erste Wirkungen. Es folgte, wie in der „Abbildung 2" zu sehen ist, erneut eine Phase des Wachstums. Dies spiegelte sich auch in einer raschen Veränderung der Exportströme wider. Die von Jahr zu Jahr

---

[69] Vgl. Baumann, Determinanten, S.35ff.
[70] Vgl. www.feer.com/articles/archive/1955/5508_25/P021.html (abgerufen am 31. August 2006).
[71] Vgl. Baumann, Determinanten, S.16f.
[72] Vgl. Szczepanik, Edward Franciszek, The growth of Hongkong, London u.a. 1958, S.158.

wachsende Industrieproduktion wurde zunehmend in den Industrieländern Westeuropas und Nordamerikas abgesetzt, die asiatischen Märkte hingegen verloren für den Export Hongkongs an Bedeutung.[73]

Zusammenfassend lässt sich sagen, dass es zu einem grundlegenden Wandel der Wirtschaftsstruktur kam. Im Zeitraum von 1949 bis 1960 entwickelte sich so ein eigenständiger Industriesektor, der mehrere Jahrzehnte der wichtigste Impulsgeber der wirtschaftlichen Entwicklung war.

b)   Diversifizierung der Industrie (1960 bis 1979)

Zu Beginn der sechziger Jahre kam es zu einem Wandel der Industriestruktur Hongkongs.

Die Bekleidungs- und Textilindustrie blieb zwar auch in diesem Zeitraum die bedeutsamste Industriegruppe, trotzdem sank die Bedeutung des Industriezweiges. Verantwortlich waren die Einfuhrrestriktionen für Baumwollerzeugnisse aus Hongkong, die durch Zollabkommen im Rahmen von GATT-Verhandlungen im Juli 1961 auf Druck der USA den Export von Textilien beschränkten. Der Anteil der Textilindustrie an der Gesamtbeschäftigung sank von 49,7 Prozent im Jahre 1960 auf 44,5 Prozent im Jahre 1967.[74]

Durch die Beschränkungen der Textilindustrie verlagerte sich die unternehmerische Aktivität auf andere Bereiche der Wirtschaft. Hierbei ist als erstes die Elektroindustrie zu nennen. Die Hauptabnehmer der elektronischen Produkte, unter denen Transistorradios eine herausragende Rolle einnahmen, waren die USA und Großbritannien. Die Hauptursache für die rasche Entwicklung der elektronischen Industrie Hongkongs war ein amerikanisch-japanischer Konkurrenzkampf um Marktanteile in den USA. Amerikanische Firmen der elektronischen Industrie errichteten in Hongkong Zweigniederlassungen, die den kostenmäßigen Vorteil des niedrigen Lohnniveaus ausnutzten. Dadurch wurde versucht, der japanischen Konkurrenz auf dem amerikanischen Markt im Preiskampf wirksam begegnen zu können.

Ein Pionier der elektronischen Industrie war das amerikanische Unternehmen Fairchild, das 1966 für die Transistorenproduktion 4000 Angestellte, also etwa

---

[73] Vgl. Census, Statistics, S.105.
[74] Vgl. Baumann, Determinanten, S.44ff.

jeden zweiten Arbeitnehmer dieses Industriezweiges, beschäftigte.[75] Fairchild trieb die Expansion auch in der Folgezeit voran. Japanische Unternehmen begegneten dieser Entwicklung ebenfalls mit einer Verlagerung ihrer Elektronikindustrie nach Hongkong. Sie beteiligten sich, um die amerikanischen Importbeschränkungen zu umgehen, verstärkt am Aufbau einer eigenständigen Elektroindustrie in Hongkong.[76]

Waren zu Beginn des Jahres 1961 nur rund 100 Personen in dieser Branche beschäftigt, so wuchs bis 1967 eine Industrie mit über 20.000 Beschäftigten heran.

Die zweit wichtigste Wachstumsindustrie war weiterhin die Plastik verarbeitende Industrie. Auch hier entwickelte sich die Beschäftigtenzahl ähnlich, wobei in dieser Industriegruppe die Spielzeugindustrie hervorzuheben ist.[77] Bei der Produktion von Kameras und Uhren wurden ähnliche Fortschritte erzielt.[78]

Die fortschreitende Industrialisierung spiegelt sich auch im Wachstum der Volkswirtschaft wider.

Der Wachstumspfad wurde allerdings in diesem Zeitraum durch zwei Ereignisse unterbrochen. Mitte der 60er Jahre stagnierte das wirtschaftliche Wachstum erstmals. Der Auslöser hierfür waren Krisenerscheinungen im Bau- und Bankensektor. Die Auswirkungen der Bankenkrise waren verschiedene „Bankruns" zu Beginn des Jahres 1965, die Verkündung des Bankennotstandes sowie eine Umverteilung der Bankeinlagen zugunsten der britischen Banken. Daraufhin übernahm die größte Bank Hongkongs, die britische Hongkongbank, die chinesische Han Seng Bank, das zweitgrößte Institut des Stadtstaates.[79] Die Baukrise manifestierte sich in einem starken Rückgang der Bautätigkeit ab dem Jahr 1965. Als Problem erwies sich hier vor allem die übermäßige Bindung der Kreditvergabe und der Investitionen an den Bausektor, so dass sich die beiden Sektoren wechselseitig negativ beeinfluss-

---

[75] Vgl. Holgate, Christine, Electronic storm; in: Far Eastern Economic Review, 10/1966, S.533.
[76] Vgl. Baumann, Determinanten, S.56ff.
[77] Vgl. Census, Statistics, S.62.
[78] Vgl. Opitz, Hongkong, S.57ff.
[79] Vgl. Jao, Yu Ching, Banking and Currency in Hongkong. A Study of Postwar Financial Development, London u.a 1974, S.248ff.

ten.[80] Die Folge dieser ökonomischen Krise, in der es zu einem Nullwachstum kam, waren Unruhen, die sich seit April 1966 verstärkten. Es fanden, auch vor dem Hintergrund der Kulturrevolution in China, das ganze Jahr über Streiks statt, die zeitweise Aufstandscharakter annahmen.[81] Am Ende des Jahres 1969 stabilisierte sich die Lage und es wurde wieder eine hohe Wachstumsrate von 11,8 Prozent erreicht (vgl. Abbildung 3)

Die zweite Rezession in dieser wirtschaftlichen Boomphase ereignete sich im Jahr 1974 nach einem Sturz der Aktienkurse und einem großen Umsatzrückgang der Wertpapierbörsen.[82]

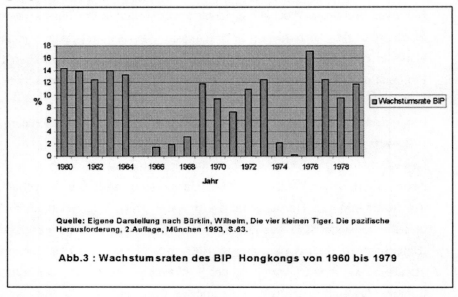

Quelle: Eigene Darstellung nach Bürklin, Wilhelm, Die vier kleinen Tiger. Die pazifische Herausforderung, 2.Auflage, München 1993, S.63.

Abb.3 : Wachstumsraten des BIP Hongkongs von 1960 bis 1979

Neben den Turbulenzen auf den Finanzmärkten resultierte das geringe wirtschaftliche Wachstum in den Jahren 1974/75 vor allem aus einer weltweiten Rezession, das auf das starke Ansteigen der Energiepreise in Folge der Ölkrise zurückzuführen war. Dabei wurde die Anfälligkeit der exportorientierten Hongkonger Wirtschaft auf globale Konjunkturschwankungen deutlich.

---

[80] Vgl. Baumann, Determinanten, S.73ff.
[81] Vgl. Yan, Jiaqi / Gao, Gao, Turbulent Decade. A history of the Cultural Revolution, Honolulu 1996, S.378.
[82] Vgl. N.N., Market. Hongkong worsens; in: Far Eastern Economic Review, 46/1974, S.60, hier S.60. Die Unruhe auf den Finanzmärkten erklärt sich vor allem aus Spekulationen im Zusammenhang mit der Auflösung der Währungsordnung von Bretton Woods und der damit verbundenen Freigabe der Wechselkurse, die weltweit zu Spekulationsblasen führte.

Zusammenfassend kann gesagt werden, dass im Zeitraum zwischen 1949 und 1979 die Grundlage für den wirtschaftlichen Wohlstand Hongkongs gelegt wurde. Bedingt durch das Handelsembargo gegenüber der VR China kam es zu einem Wandel der Wirtschaftsstruktur, vom reinen Handel weg hin zum Produktionsstandort. Während der Aufbauphase von 1949 bis 1960 dominierte die Textilindustrie die Wirtschaft. In einer zweiten Phase kam es aufgrund von Importbeschränkungen zu einer Diversifikation der Industrie, die den Aufstieg verschiedener Industriezweige begünstigte. Auch wenn Abweichungen und Rückschläge nicht ausblieben, gelang der industrielle Aufstieg Hongkongs.

2.5. Die Transformation der Wirtschaft (1979 bis 1997)

War der Zeitraum von 1949 bis 1979 durch einen Strukturwandel geprägt, für den ein Niedergang des Handels und ein industrieller Aufstieg kennzeichnend waren, so kam es in den folgenden Jahren zu einem diametral entgegengesetzten Trend. Die Energiekrisen, der zunehmende Protektionismus, abflachende Wachstumsraten, aber vor allem ein steigendes Lohnniveau, bedrohten die Standortvorteile Hongkongs für die Herstellung von Billigexporten ab Mitte der 70er Jahre.[83]

Die Reformen der Außenwirtschaftspolitik der VR China unter Deng Xiaoping ab 1978 erwiesen sich allerdings als Glücksfall und eröffneten Hongkong eine neue Perspektive.[84] In Folge dessen wurden, um den Kapital- und Technologietransfer zu forcieren, ausländische Investoren weitgehende Eigentumsrechte zugebilligt. So wurden ab 1979 vier Sonderwirtschaftszonen eingerichtet. Diese umfassten Xiamen in der Provinz Fujian (gegenüber von Taiwan), Shantou in der Provinz Guangdong, Zhuhai neben dem portugiesischen Macao sowie Shenzhen.[85] Für Hongkongs Entwicklungsweg entscheidend war das an die „New Territories" angrenzende Shenzhen, das sich von allen Sonderwirtschaftszonen am erfolgreichsten entwickelte.[86]

Dies wurde durch die Nachbarschaft und seiner komplementären Faktorausstattung gegenüber Hongkong erreicht. Shenzhens Anreizpotenzial bestand in den dringend benötigten, günstigen Arbeitskräften, deren Kosten zwischen 30 bis 40 Prozent unter denen von Hongkong lagen, niedrigen Grundstückspreisen und einem gut ausgebauten Verkehrsnetz. Des Weiteren war durch die direkte Nachbarschaft eine unternehmerische Leitung der Produktionsstätten von Hongkong aus möglich. Shenzhen wiederum versprach sich durch die Einrichtung einer Sonderwirtschaftszone vor allem Kapital, dynamische Unternehmer und modernste Technologie.[87] Die schnell einsetzende wirt-

---

[83] Vgl. Opitz, Hongkong, S.59ff.
[84] Vgl. Chi, Hsi-Sheng, Politics of disillusionment. The Chinese Communist Party under Deng Xiaoping 1978-1989, Armonk NY u.a. 1991, S.15ff.
[85] Vgl. Fischer, Doris, China; in: Neu, Michael / Gieler, Wolfgang / Bellers, Jürgen (Hrsg.), Handbuch der Außenwirtschaftspolitiken. Staaten und Organisationen, Band 1, Münster 2004, S. 401-410, hier S.403f.
[86] Vgl. Schryen, Shenzhen, S.17.
[87] Vgl. Opitz, Hongkong, S.60f.

schaftliche Verflechtung mit Shenzhen stellte einen entscheidenden Einschnitt in die Entwicklung Hongkongs dar. Daraus folgten einerseits eine Industrie-verlagerung und anderseits ein wirtschaftlicher Aufschwung des Handels sowie des Banken- und Finanzwesens.

2.5.1.   Die Produktionsverlagerung in die chinesischen   Sonder-wirtschaftszonen

Die Unternehmer profitierten von den Sonderwirtschaftszonen, insbesondere von der Möglichkeiten erheblicher Kostensenkungen arbeitsintensiver Produk-tionsprozesse. Dies führte zu einer Deindustrialisierung Hongkongs aufgrund der Auslagerungen der Industrie auf das chinesische Festland. Zu Beginn der 90er Jahre betrieb die Industrie Hongkongs in Shenzhen bereits mehr als 25.000 Montage- und Fertigungsstätten mit ungefähr drei Millionen Arbeitern; das waren fünfmal mehr als in der Fertigungsindustrie Hongkongs.[88] Die Ge-schäftsführung sowie die technologieintensiven Unternehmen verblieben in Hongkong und überwachten von hier aus ihre Fertigungsbetriebe. Dies galt besonders für die Textil- und die Elektronikindustrie. Die rasche Entwicklung der Sonderwirtschaftszone Shenzhen ist somit zum großen Teil auf die In-vestitionen aus Hongkong zurückführen.[89]
Die zunehmende Verlagerung der Industrieproduktion wurde durch die un-klare politische und wirtschaftliche Zukunft der Stadt zu Beginn der 80er Jahre erschwert. Durch Ablauf der Chinesisch-Englischen Pachtverträge der „New Territories" war für eine Lösung dieser Frage vor dem Hintergrund der wirt-schaftspolitischen Stabilität eine Einigung mit China notwendig. Nach mehr-jährigen Gesprächen unterzeichneten der chinesischen Premier Zhao Ziyang und die britische Premierministerin Margret Thatcher 1984 eine gemeinsame Erklärung, die die Rückführung Hongkongs an China vorsah.[90] (vgl. Kapitel 2.6.1)

---

[88] Vgl. Opitz, Hongkong, S.63f.
[89] Vgl. Schryen, Shenzhen, S.145.
[90] Vgl. N.N., Abschied von Hongkong (II); in: Der Spiegel, 23/1997, S.154-165, hier S.162f.

Die Wirtschaft zeigte sich mit dem Ergebnis dieser Verhandlungen zufrieden, so dass die Verlagerung der Industrieproduktion in die Sonderwirtschafts-zonen weiter fortgesetzt wurde. [91]

Diese Entwicklung der Deindustrialisierung Hongkongs wurde also durch Verbesserung der politischen Rahmenbedingungen zu Beginn der 80er Jahre akzeleriert.

2.5.2. Der Aufstieg zum Handels- und Finanzzentrum

Ein großer Teil der in den Sonderwirtschaftszonen erzeugten Produkte floss nach Hongkong und wurde von hier aus weltweit exportiert. Der Handel wuchs auch deshalb, weil weltmarktorientierte festlandchinesische Unternehmen Hongkong wegen der guten Infrastruktur und Logistik als Brückenkopf nutzten. [92] In umgekehrter Richtung betrachteten ausländische Unternehmen Hongkong als „Eingangstor" zum chinesischen Festland.

Ein Großteil der seit der Öffnung 1979/80 stark wachsenden chinesischen Ein- und Ausfuhren wurde folglich über Hongkong abgewickelt. [93] Hierbei war nicht so sehr der „direkte Warenhandel" zwischen Hongkong und der VR China von Bedeutung, als vielmehr die Vermittlerrolle im realwirtschaftlichen Güterverkehr sowie im Dienstleistungshandel. Hongkong galt als Kompetenz-zentrum in alle Bereichen der chinabezogenen Geschäftstätigkeit. So entwickelte sich der Stadtstaat zum führenden Messezentrum in Asien. Zahlreiche chinesische staatliche Unternehmen wurden in Hongkong gegründet. [94] Diese Entwicklung führte dazu, dass Hongkong erneut zur Drehscheibe im Chinahandel wurde.

Ein weiterer Trend, der zu erheblichen Strukturveränderungen in der Wirtschaft Hongkongs führte, waren die Entwicklungen im Bankensektor. Durch die zunehmende Öffnung Chinas und seinem dadurch steigenden Kapital-

---

[91] Vgl. Opitz, Hongkong, S.62.
[92] Vgl. Taube, Markus, Die ökonomische Bedeutung Hongkongs für China. Status quo und Position der Europäischen Kommission; in: Güssgen, Achim (Hrsg.), Hongkong nach 1997. Take over, re-unification, oder Neubeginn? (=Bibliothek Wissenschaft und Politik, 59), Köln 2002, S.199-217, hier S.212.
[93] Vgl. Opitz, Hongkong, S.60f.
[94] Vgl. Schryen, Shenzhen, S.224.

bedarf erlangten die Banken in Hongkong eine herausragende Stellung. Ermöglicht wurde dies im Wesentlichen durch das Fehlen von Devisenbeschränkungen und einer exzellenten Infrastruktur. Die wichtigsten Akteure waren neben der etablierten Hongkong Shanghai Banking Corporation und der Standard Chartered Bank, die chinesische Bank of China, die in der Zwischenzeit über 20 Prozent der gesamten Geldanlagen in Hongkong verfügte.[95] Dies deutet auf den Sachverhalt hin, dass die VR China ihre Position in Hongkong mit Hilfe von Investitionen, schwerpunktmäßig im Immobiliensektor, ausbaute.[96] Eine wichtige Rolle spielten hierbei die chinesischen Streitkräfte, deren Loyalität zur Regierung in Peking als gesichert galt.[97] Das Gesamtvolumen von chinesischen Direktinvestitionen in Hongkong betrug nach offiziellen Angaben Ende 1997 17,8 Milliarden US-Dollar. Mindestens 1856 chinesische Unternehmen waren zu diesem Zeitpunkt in Hongkong aktiv.[98] Ein weiterer, wichtiger Wirtschaftszweig war in diesem Zeitraum der China Tourismus, der hauptsächlich über Hongkong abgewickelt wurde.[99]

Im Zeitraum zwischen 1979 und 1997 weist der Wachstumspfad hohe, teilweise zweistellige, Wachstumsraten auf. Zwei Ereignisse dämpften das Wirtschaftswachstum. Die Rezession der Weltwirtschaft in der ersten Hälfte der 80er traf das exportorientierte, und damit für globale Konjunkturschwankungen anfällige Hongkong, empfindlich. Der Tiefpunkt dieser Entwicklung wurde 1985 erreicht.[100] (vgl. Abbildung 4). Das in der zweiten Hälfte folgende Hochwachstum erreichte im Jahre 1988 einen leichten Einbruch. Auslöser war ein Börsencrash in Folge weltweiter Finanzturbulenzen.[101] Nach 1990 wuchs die Volkswirtschaft mit durchschnittlich 5 Prozent Wachstum etwas langsamer. Dafür verantwortlich war das bereits hohe Niveau der wirtschaftlichen Entwicklung sowie zunehmende Inflationsraten.

---

[95] Vgl. Opitz, Hongkong, S.64.

[96] Vgl. N.N., Hongkong. Kapitalismus-Schule für Peking; in: Der Spiegel, 49/1978, S.196-200, hier S.196.

[97] Vgl. Odrich, Barbara, In Hongkong sind schon Chinas „Finanztruppen" eingerückt; in: Frankfurter Allgemeine Zeitung, 148/1997, S.14, hier S.14.

[98] Vgl. Taube, Markus, Die ökonomische Bedeutung Hongkongs für China. Status quo und Position der Europäischen Kommission; in: Güssgen, Achim (Hrsg.), Hongkong nach 1997. Take over, re-unification oder Neubeginn? (=Bibliothek Wissenschaft und Politik, 59), Köln 2002, S.199-217, hier S.212.

[99] Vgl. Bürklin, Tiger, S.93.

[100] Vgl. Ebd., Tiger, S.62f.

[101] Vgl. Tan, Currency crisis, S.37f.

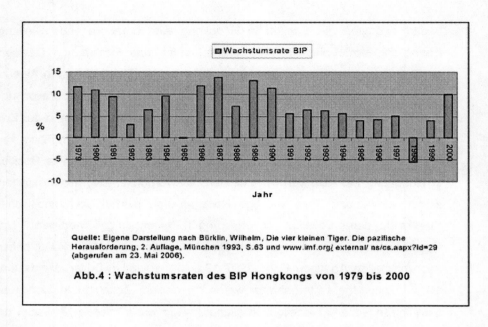

Quelle: Eigene Darstellung nach Bürklin, Wilhelm, Die vier kleinen Tiger. Die pazifische Herausforderung, 2. Auflage, München 1993, S.63 und www.imf.org/ external/ ns/cs.aspx?id=29 (abgerufen am 23. Mai 2006).

Abb.4 : Wachstumsraten des BIP Hongkongs von 1979 bis 2000

Zusammenfassend kann gesagt werden, dass im Zeitraum von 1979 bis 1997 die Wirtschaft Hongkongs einen grundlegender Strukturwandel erfuhr. Durch die Reform der Außenwirtschaftspolitik der VR China kam es, durch die zunehmende Verlagerung der Industrie Hongkongs in die Sonderwirtschaftszonen, zu einer Deindustrialisierung. Daraus folgte, dass der Handel und die Finanzwirtschaft an Bedeutung gewannen. Hongkong kehrte somit zu seiner ursprünglichen Position zurück. Es folgte eine Tertiärisierung und ein dynamisches Wachstum der Ökonomie Hongkongs.

2.6. Hongkong an der Schwelle zum 21. Jahrhundert (1997 bis 2000)

2.6.1. Die Wiedervereinigung von Hongkong mit der VR China

Nach 154 Jahren britischer Kolonialherrschaft übereignete Großbritannien die Souveränität Hongkongs am 01. Juli 1997 an die VR China. Die Annektion Hongkongs erfolgte aufgrund der sino-britischen „Joint Declaration", die am 19. Dezember 1984 in Hongkong durch Margret Thatcher und den chinesischen Premier Zhao Ziyang unterzeichnet wurde. Durch diese Erklärung erhielt Hongkong den Status einer Special Administrative Region innerhalb der VR China. Während die Außen- und Verteidigungspolitik durch die Zentralregierung in Peking ausgeübt werden, garantierte die Deklaration Hongkong für fünfzig Jahre mehrere Sonderrechte. Von besonderer Bedeutung war hierbei der Status Quo des wirtschaftlichen und gesellschaftlichen Systems nach dem Prinzip „Ein Land – Zwei Systeme".[102] Des Weiteren wurde die Beibehaltung aller bestehenden Eigentumsverhältnisse, der eigenen Währung, des bestehenden Rechtssystems sowie die uneingeschränkte Presse-, Informations-, und Religionsfreiheit garantiert. Umstritten waren allerdings die Rolle des zukünftigen politischen Systems und die Demokratisierung Hongkongs.[103]

An die Spitze der Regierung trat der Milliardär und Reeder Tung Chee-hwa.[104]

2.6.2. Die asiatischen Finanzturbulenzen und die Wirtschaft Hongkongs

Schon kurz nach der Wiedervereinigung mit der VR China erreichten die Auswirkungen der asiatischen Finanzturbulenzen, die im Juli 1997 in Thailand begannen, auch die SAR Hongkong.[105]

---

[102] Vgl. Gornig, Gilbert, Das Prinzip „Ein Staat – Zwei Systeme" und seine Lesearten; in: Güssgen, Achim (Hrsg.), Hongkong nach 1997. Take over, re-unification, oder Neubeginn? (=Bibliothek Wissenschaft und Politik, 59), Köln 2002, S.13-20, hier S.13ff.

[103] Vgl. N.N., Interview mit dem Demokraten Martin Lee; in: Der Spiegel, 22/1997, S.152f, hier S.152.

[104] Vgl. N.N.; Hongkong. Spiegel-Gespräch mit dem Regierungschef Tung Chee-hwa; in: Der Spiegel, 27/1998, S.132-134, hier S.132.

Die Volkswirtschaft Hongkong hatte vor der Krise eine gesunde Ausgangs-basis. Sie wies keine Leistungsbilanzdefizite auf und hatte keine Ausland-schulden. Was die harten Währungsreserven betrifft, nahm Hongkong mit Reserven von 80 Milliarden US-Dollar eine Spitzenposition ein. Die Banken galten als solvent und vorsichtig. Dazu galt die Wirtschaft als eine der libe-ralsten und wettbewerbsfähigsten der Welt.[106] Dennoch wirkten sich die Finanzturbulenzen empfindlich auf die Wirtschaft aus und Hongkong gehörte zu den am stärksten von den Unruhen der Finanzmärkte erfassten Volkswirt-schaften. Dabei waren zu Beginn nicht nur die „internen Ursachen", sondern vor allem die realen und zu erwartenden Rückwirkungen der anderen Volks-wirtschaften ausschlaggebend.[107]

Das erklärt sich dadurch, dass der sinkende Konsum der betroffenen asiati-schen Volkswirtschaften zu abnehmenden Absatzmöglichkeiten der Hong-konger Exportwaren und Dienstleistungen führte. In Folge dessen verringerte sich das Bruttoinlandsprodukt. Darüber hinaus verschlechterte sich die Wettbewerbsituation Hongkongs aufgrund der Währungs-abwertungen sowie der fallenden Produktionskosten und Löhne anderer asiatischer Wirtschafts-räume.

Vor allem aber ging der Ausbruch der Finanzkrise in Hongkong auf das Ein-greifen von Hedge Fonds und Spekulanten zurück. Mit zunehmender Ausbrei-tung der Turbulenzen in Asien und nachdem mehrere betroffene Volkswirt-

---

[105] Vgl. N.N., Asien. Börsencrash in Hongkong; in: Spiegel 44/1997, S.169, hier S.169.

[106] Vgl. Tan, Currency Crisis, S.80f.

[107] Vgl. Tun, Oy Woo, Die asiatischen Finanzturbulenzen Ende der neunziger Jahre des 20. Jahrhunderts und die Wirtschaft Hongkongs; in: Güssgen, Achim (Hrsg.), Hongkong nach 1997. Take-over, re-unification oder Neubeginn? (=Bibliothek Wissenschaft und Politik, 59), Köln 2002, S.165-198, hier S.166. In der Literatur wird zwischen internen und externen Ursachen unterschieden. Die" Interne-Ursachen-Theorie" erklärt die Überbewertung der asiatischen Währungen auf eine expansive Wachstumspolitik, die zu Inflation und einem Leistungsbilanzdefizit führte. Fehlerhafte Faktorallokation, insbesondere bei der Kreditver-gabe, führte zu einem sinkenden Vertrauen in die Volkswirtschaft und einem Devisen-abfluss. Somit gerieten die asiatischen Währungen unter Abwertungsdruck, was wiederum den Devisenabfluss verstärkte. Die „Externe-Ursachen-Theorie" macht externe Einflüsse geltend. Durch die spekulativen Angriffe von internationalen Finanzgesellschaften auf die Devisen und Aktienmärkte der jeweiligen Volkswirtschaften entzündete oder intensivierte sich eine Vertrauenskrise. Bedingung für Spekulationen waren die seit Mitte der achtziger Jahre zunehmende Liberalisierung der Finanzmärkte und die Entstehung großer Finanz-gesellschaften, deren Investmentkapital die Devisenreserven mancher Schwellenländer überstieg. Voraussetzung für beide Theorien war ein festes Wechselkurssystem der asiati-schen Volkswirtschaften, die ihre Währungen an den US-Dollar gebunden hatten. Beide Theorien gingen von einer Überbewertung der asiatischen Währungen aus, die zu einer Abwertung führen musste.

schaften die Verteidigungsversuche mittels der einheimischen Währung aufgegeben hatten, mehrten sich die Zweifel, ob die Regierung Hongkongs fähig und willens war, den festen Wechselkurs des Hongkong Dollars zum US-Dollar zu verteidigen.[108] Vor diesem Hintergrund erfolgten von Oktober 1997 bis zum November 1998 vier große Angriffe auf die Währung durch internationale Finanzgesellschaften, die jedoch alle abgewehrt werden konnten. Seitens der Spekulanten wurde dies aber erwartet. Das eigentliche Ziel war die Erhöhung des Zinssatzes, die Teil des automatischen Anpassungsmechanismus des Kursverbundsystems des Hongkong-Dollar war, um erfolgreich Profite aus vorher arrangierten Transaktionen, vornehmlich Termingeschäften, auf den Aktienmärkten einzufahren.[109] Derselbe Mechanismus funktionierte auch bei zwei weiteren Angriffen, die nach demselben Muster verliefen.

Beim vierten nennenswerten Angriff in der zweiten Augusthälfte 1998 kaufte die Zentralbank ähnliche Hongkong Monetary Authority (HKMA) überraschend Wertpapiere und Aktien im Wert von über 15 Milliarden Euro. Diese Abweichung vom Prinzip des „Positiven Nichtinterventionismus" beruhigte die Finanzturbulenzen in Hongkong im Herbst 1998, stabilisierte den Zinssatz und die Aktienmärkte.[110]

Die Verschlechterung der Angebots- und Nachfragelage brachte für alle größeren Wirtschaftssektoren negative Wachstumsraten, lediglich die Versicherungen konnten in diesen unsicheren Zeiten wachsen. Die reale Wachstumsrate für das Jahr 1998 lag bei 5 Prozent.[111] Das negative Wachstum erklärte sich vor allem durch den Anstieg des Zinssatzes. Bedingt durch steigende Kapitalkosten für die Unternehmen kam es zu rückläufigen Aktien-

---

[108] Vgl. N.N., Asien. Börsencrash in Hongkong; in: Spiegel 44/1997, S.169, hier S.169.
[109] Vgl. Tun, Oy Woo, Die asiatischen Finanzturbulenzen Ende der neunziger Jahre des 20. Jahrhunderts und die Wirtschaft Hongkongs; in: Güssgen, Achim (Hrsg.), Hongkong nach 1997. Take-over, re-unification oder Neubeginn? (=Bibliothek Wissenschaft und Politik, 59), Köln 2002, S.165-198, hier S.175.
[110] Vgl. Tan, Currency Crisis, S.197f.
[111] Vgl. Tun, Oy Woo, Die asiatischen Finanzturbulenzen Ende der neunziger Jahre des 20. Jahrhunderts und die Wirtschaft Hongkongs; in: Güssgen, Achim (Hrsg.), Hongkong nach 1997. Take-over, re-unification oder Neubeginn? (=Bibliothek Wissenschaft und Politik, 59), Köln 2002, S.165-198, hier S.182.

kursen. Der Hongkonger Han Seng-Index verlor seit Oktober 1997 deutlich an Punkten.[112]

Der Preisrückgang der Vermögenswerte verringerte bei der Bevölkerung die Möglichkeit des Konsums. Daraus resultierte eine Verlangsamung des Wirtschaftswachstums auf der Nachfrageseite, in deren Folge auch auf der Angebotsseite nicht mehr investiert wurde.[113]

Zusammenfassend stellte die Finanzkrise für Hongkong die schlimmste Wirtschaftskrise nach dem Niedergang des Zwischenhandels in den 50er Jahren dar. Erst durch eine massive Intervention der HKMA beruhigte sich die Situation im Herbst 1998 und ermöglichte Hongkong die Fortsetzung seines erfolgreichen Wachstumspfads zu Beginn des 21. Jahrhundert.

---

[112] Vgl. N.N., Hongkong. Niedergang der Glitzerstadt; in: Spiegel, 23/1998, S.134-139, hier S.136.

3. Der Wachstums- und Entwicklungsprozess Singapurs

3.1. Der geographische und historische Hintergrund

Vor einer weitergehenden Betrachtung des Wachstums- und Entwicklungsprozesses werden im Folgenden kurz die wichtigsten geographischen Fakten und der historische Hintergrund bis zur britischen Inbesitznahme dargestellt.

Der Stadtstaat Singapur liegt in Südostasien vor der Südspitze der malaiischen Halbinsel. Er besteht aus einer Hauptinsel und 54 weiteren kleinen Inseln. Die Hauptinsel ist durch einen Damm und eine Brücke mit dem malaiischen Festland verbunden. Die Gebietsfläche umfasst 685,4 km². Das eigentliche Stadtzentrum (City of Singapore) liegt im Süden der Hauptinsel.

Quelle: www.wikipedia.org/wiki/Singapur (abgerufen am 22. Juli 2006).

Abb.5 : Geographische Landkarte Singapur

Es herrscht ein feuchtheißes Tropenklima vor. Im März 2005 lag die Zahl der Einwohner bei 4,2 Millionen, davon waren 800.000 Ausländer. Die Bevölkerung setzt sich aus verschiedenen ethnischen Gruppen zusammen. Als größte Volksgruppe stellen die Chinesen die Mehrzahl der Einwohner (76,8 Prozent), vor den Malaien (13,9 Prozent) und den Indern (7,9 Prozent). Verkehrs-, Handels- und Verwaltungssprache ist Englisch. Daneben haben

Chinesisch, vor allem südliche Dialekte, Malaiisch und Tamilisch eine herausragende Bedeutung.

Die Hälfte der Bevölkerung bekennt sich zum Taoismus oder zum Buddhismus. Dem Islam und den christlichen Konfessionen gehören jeweils 15 Prozent der Bevölkerung an. Das Bruttoinlandsprodukt lag im Jahr 2004 bei 85,95 Milliarden Euro. Damit ergibt sich ein Bruttoinlandsprodukt pro Kopf von 20.286 Euro. Singapur erlangte mit dem Ausscheiden aus der Malaiischen Föderation am 09. August 1965 seine Unabhängigkeit. Staatsoberhaupt der parlamentarischen Demokratie ist der Staatspräsident Sellapan Rama Nathan.[114]

Singapur, das sich etymologisch aus dem altindischen Wort für Löwenstadt herleitet, war schon im 14. Jahrhundert ein Handelsplatz des malaiischen Königreichs von Srivijaya. Nach seiner Zerstörung im Jahr 1398 und einer Übergangszeit unter thailändischer Herrschaft geriet es schließlich unter Kontrolle des Sultanats von Malakka. Mit dem Niedergang des Sultanats versank die kleine Ansiedlung vollends in der Bedeutungslosigkeit. So gab es auf der Insel bis zum 19. Jahrhundert keine größeren Niederlassungen. Die Insel diente vornehmlich als Fischerstützpunkt und Piratenunterschlupf.[115]

3.2.   Der Freihandel in der britischen Kolonie (1819 bis 1942)

Der Wachstums- und Entwicklungsprozess Singapurs begann, als ein Angestellter der East India Company die Insel im Jahre 1819 von einem lokalen Machthaber erwarb. Im Auftrag der Handelsgesellschaft errichtete der Kompaniekaufmann Raffles auf dem Eiland eine Faktorei und einen Marinestützpunkt.[116] Hiermit verfolgte die East India Company das Ziel, eine Anlaufstelle entlang der von britischen Seglern stark frequentierten Route zwischen Kalkutta und der südchinesischen Küste zu errichten. Auf diesem Weg

---

[114] Vgl. www.auswaertiges-amt.de/diplo/de/Laender/Singapur/html (abgerufen am 12. Juli 2006).
[115] Vgl. Rodan, Garry, The political economy of Singapore´s industrialization. National State and international capital, Basinstoke 1989, S.32ff.
[116] Vgl. Turnbull, Constance Mary, A Short History of Malaysia, Singapore, and Brunei, Stanmore NSW 1980 (im Folgenden zitiert als: Turnbull, Singapore), S.94ff.

wurden vornehmlich Tee und Opium gehandelt.[117] Singapur wurde schließlich zum Ausbau und zur Unterstützung des britischen Chinahandels gegründet.[118] Zeitweilig versprachen sich die Engländer die Verlagerung des Chinageschäftes von Kanton nach Singapur. Das gelang allerdings nur teilweise und war spätestens mit der Gründung Hongkongs hinfällig.[119] Eine wichtige Voraussetzung für den wirtschaftlichen Aufstieg Singapurs war das Prinzip des Freihandels. Zum Zeitpunkt der Gründung der Stadt war dieser Grundsatz keineswegs allgemein anerkannt. In den Häfen Niederländisch-Indiens, dem heutigen Indonesien, bestand ein Handelsmonopol für holländische Schiffe.[120] Raffles verfolgte mit der Errichtung eines Freihafens, der Schiffen aller Nationen gleichberechtigt offen stand, das Ziel, einen Ausweichstandort gegenüber den zahlreichen niederländischen Handelsniederlassungen innerhalb des malaiischen Archipels zu schaffen.[121] Das viktorianische Prinzip des Freihandels spiegelte sich auch in der Minimierung der staatlichen Verwaltung wider. Dem zufolge hielt sich die Kolonialverwaltung, auch nach der Ernennung Singapurs zur britischen Kronkolonie im Jahre 1867, weitgehend aus der Wirtschaft des neuen Stützpunkts heraus.[122]

Diese Philosophie trug dazu bei, dass Singapur nach seiner Gründung zu einem der wichtigsten Handelsplätze für Güter aller Art in Südostasien wurde. Speziell der Handel mit Kautschuk und Pfeffer aus dem britischen Malaya wurde über Singapur abgewickelt. Aber auch Opium und Textilien aus Indien sowie englische Feuerwaffen wurden in Singapur gehandelt. In den Jahren 1824 bis 1868 vervierfachte sich der Warenumschlag.

---

[117] Vgl. Murfett, Malcom H., Between two oceans. A military history of Singapore from first Settlement to final British withdrawal, Oxford 1999, S.35f.

[118] Vgl. Trocki, Carl A., Opium and empire. Chinese society in colonial Singapore. 1810-1910, Ithaca 1990, S.50ff.

[119] Vgl. Wong, Lin Ken, Commercial Growth before the second world war; in: Chew, Ernest / Lee, Edwin (Hrsg.), A History of Singapore. 2. Auflage, Singapur u.a. 1996, S.41-65, hier S.49.

[120] Vgl. Rieger, Christoph, Die erfolgreiche Wirtschaftspolitik Singapurs – Können die Entwicklungsländer daraus lernen?; in: Opitz, Peter, Auf den Spuren der Tiger (=Bayerische Landeszentrale für politische Bildungsarbeit, A 102), München, S.79-99, hier S.80.

[121] Vgl. Bürklin, Tiger, S.19.

[122] Vgl. Ebd., S.80.

Einen Aufschwung erfuhr Singapur nach der Fertigstellung des Suez Kanals im Jahre 1869 und im Zuge des technischen Fortschritts der Dampfschiff-fahrt.[123]

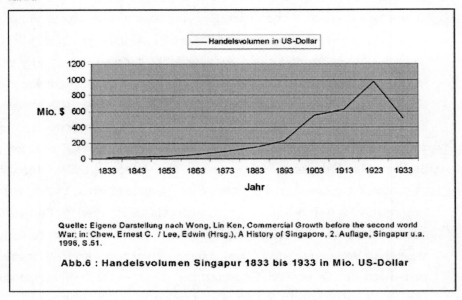

Quelle: Eigene Darstellung nach Wong, Lin Ken, Commercial Growth before the second world War; in: Chew, Ernest C. / Lee, Edwin (Hrsg.), A History of Singapore, 2. Auflage, Singapur u.a. 1996, S.51.

Abb.6 : Handelsvolumen Singapur 1833 bis 1933 in Mio. US-Dollar

Durch den neuen Kanal kam es zu einer Änderung der weltweiten Schiff-fahrtsrouten. Damit wurde die Dampfkraft gegenüber dem Segelantrieb konkurrenzfähig.[124] Aufgrund dieser Neuerung wuchs Singapurs strategische Bedeutung als Vorratsstation für Kohle und Treibstoff entlang der Übersee-handelsrouten.[125]

Im letzten Viertel des 19. Jahrhunderts entwickelte sich die Kolonie immer mehr zum Finanz- und Servicezentrum für die von den Briten beherrschten malaiischen Sultanate. Dabei profitierte Singapur von der zunehmenden kolo-nialen Durchdringung Asiens durch andere europäische Staaten sowie der forcierten Öffnung Thailands und Chinas im ausgehenden 19. Jahrhundert.[126]

---

[123] Vgl. Turnbull, Singapore, S.101ff.

[124] Vgl. Bogaars, Gulliver, The effects of Opening the Suez Canal on the Trade and Develop-ment of Singapore; in: Sheppard, Mubin (Hrsg.), Singapore 150 years, Singapur 1984, S.220.

[125] Vgl. Wong, Lin Ken, Commercial Growth before the second world war; in: Chew, Ernest C. / Lee, Edwin (Hrsg.), A History of Singapore, 2. Auflage, Singapur u.a. 1996, S.41-65, hier S.51f.

[126] Vgl. Turnbull, Singapore, S.178f.

Dieser positive Wachstumsprozess setzte sich im ersten Quartal des 20. Jahrhundert fort und fand erst im Jahr 1929 ein jähes Ende (vgl. Abbildung 6). Denn auch Singapur, das Handelszentrum der malaiischen Halbinsel, wurde durch die Auswirkungen der Weltwirtschaftskrise empfindlich getroffen.

Es kam zu einem Preisverfall der Exportgüte, insbesondere für Kautschuk und Zinn.

Obendrein förderte die wirtschaftliche Krise politische Unruhen in der Kronkolonie. Bereits zu Beginn der 20er Jahre entwickelte sich ein zunehmender chinesischer Nationalismus und erste Forderungen nach einer verstärkten politischen Interessensvertretung wurden laut. Die Krise führte zu einer Intensivierung nationalistischer Forderungen, auch der malaiischen und indischen Volksgruppen. Die britische Kolonialregierung kam diesen Strömungen mit föderalen Zugeständnissen entgegen.[127]

Zusammenfassend kann gesagt werden, dass Singapur ein englisches Konstrukt der Kolonialpolitik Großbritanniens in Südostasien war. Schließlich war ein Faktorenbündel für den Aufstieg Singapurs bis zum 2. Weltkrieg verantwortlich. Hervorzuheben sind jedoch die wirtschaftlich und militärisch strategisch günstige Lage sowie das Prinzip des Freihandels, welche den Wachstums- und Entwicklungsprozess von der Gründung bis zur japanischen Besetzung 1942 begünstigten. In diesem Zeitraum lag der Keim für die zukünftige politische und wirtschaftliche Entwicklung der britischen Kronkolonie.

3.3. Die Auswirkungen und Folgen des 2. Weltkrieges (1942 bis 1955)

Nach einer 123 jährigen britischen Regierungszeit besetzten am 15. Februar 1942 die Japaner die Kronkolonie.[128] Die Stadt Singapur wurde in Syonan (japanisch: Licht des Südens) umbenannt. Syonan wurde zum Zentrum der südlichen Region des „japanischen Wohlstandsraumes" Nampo, der analog zum Commonwealth errichtet wurde. Dieser umfasste große Teile der durch

---

[127] Vgl. Turnbull, Singapore, S.201ff.
[128] Vgl. Farrell, Brian P., The defence and fall of Singapore. 1940-1942, Stroud 2005, S.355.

die Japaner besetzten Gebiete Südostasiens.[129] Durch die Okkupation Singapurs kam es zu einem kriegsbedingten Rückgang des Handels. Dabei versuchte Japan eine Transformation der Wirtschaft vom Entrepot-Handel zu einer selbstversorgenden, industrialisierten Stadt durchzusetzen. Marktkontrollen und die Übernahme der Industrie und des Handels durch japanische Großunternehmen wie Mitsui und Mitsubishi führten allerdings zu einer Rezession und nicht zu dem gewünschten Aufschwung. Die von den Japanern eingeführte Währung wies hohe Inflationsraten auf, der Schwarzmarkt florierte und Nahrungsmittel waren knapp.[130] Unterstützt durch amerikanische Luftangriffe und eine vorwiegend chinesische Widerstandsgruppe, begann ab November 1944 die Rückeroberung der Stadt. Nach Einmarsch britischer Truppen wurde Singapur offiziell am 12. September 1945 wieder Teil der früheren Kolonialmacht Großbritanniens.[131] Bedingt durch die harte japanische Okkupation war das Misstrauen in der Bevölkerung gegenüber ausländischen Besatzern allerdings gewachsen. Daher war ein Prozess der Dekolonisierung eingeleitet worden. Die verschärfte antikoloniale Stimmung betraf nicht nur die abgelöste Kolonialmacht Japan, sondern auch Großbritannien.[132]

Die Briten kehrten wirtschaftspolitisch zu einem Status quo ante zurück. Hierbei profitierte Singapur von den verhältnismäßig geringen Kriegsschäden. Auch wenn das Handelsaufkommen noch deutlich unter dem Vorkriegsstand lag, so setzte doch ein kontinuierlicher Aufschwung ein. Dieser wurde durch den Koreaboom begünstigt, der die Funktion Singapurs als wichtigen Handelsplatz wieder verdeutlichte.[133] Bedeutende Handelsgüter waren weiterhin die traditionellen Rohstoffe Kautschuk und Zinn, daneben in zunehmendem Maße Produkte der petrochemischen Industrie. Wichtigster Handelspartner blieben mit Abstand die malaiische Halbinsel und Indone-

---

[129] Vgl. Eunice, Thio, The Syonan Years. 1942-1945; in: Chew, Ernest C. / Lee, Edwin (Hrsg.), A History of Singapore, 2. Auflage, Singapur u.a. 1996, S. 95-114, hier S.95f.
[130] Vgl. Ebd. S.103-107.
[131] Vgl. Murfett, Malcom H., Between two oceans. A military history of Singapore from first Settlement to final British withdrawal, Oxford 1999, S.280-284.
[132] Vgl. Bürklin, Tiger, S.21f.
[133] Vgl. Cheng, Siok Hwa, Economic Change and Industrialization; in: Chew, Ernest C. / Lee, Edwin (Hrsg.), A History of Singapore, 2. Auflage, Singapur u.a. 1996 (im Folgenden zitiert als: Cheng, Economic), S.182-217, hier S.187.

sien.[134] Da es zu keiner großen Reduzierung der Bevölkerung während der japanischen Besatzungszeit gekommen war und die Wirtschaft sich noch nicht erholt hatte, verschärfte eine hohe Arbeitslosenquote am Ende der japanischen Okkupation soziale Spannungen. Verstärkt durch das China-Embargo, als Reaktion auf den Koreakrieg, kam es zu einer Handelsschrumpfung, in deren Verlauf 846 Läden und 25 größere Firmen aufgelöst werden mussten.[135] Diese Umstände führten zu einer wachsenden Unabhängigkeitsbewegung. Politisch spiegelte sich der von den Briten durchaus unterstützte Prozess der Dekolonisierung in einer Ausweitung des Wahlrechts sowie der Schaffung von demokratischen Institutionen wider. Die Reformen wurden zur Grundlage eines demokratischen Mehrparteiensystems.[136]

Zusammenfassend kann gesagt werden, dass die Wirtschaftspolitik der japanischen Besatzer scheiterte. Die Syonan-Jahre verstärkten den in den 30er Jahre eingeleiteten Prozess der Dekolonisierung. Zusätzlich schwand zu Beginn der 50er Jahre das Vertrauen in die Prinzipien der freien Marktwirtschaft. Dieses Misstrauen prägte den wirtschaftspolitischen Kurs der gewählten Regierungen bis zur Unabhängigkeit der Löwenstadt im Jahre 1965.

3.4. Der Aufbruch zur Industrialisierung (1955 bis 1965)

3.4.1. Die Autonomie und der Ausbau des Sozialstaates durch die Linksregierungen

Ein erster großer Erfolg der Unabhängigkeitsbewegung waren die Parlamentswahlen im Jahr 1955, ermöglicht durch einen Erlass der britischen Kolonialmacht, welcher der Kolonie eine begrenzte Selbstverwaltung zugestand. Bei diesem Urnengang errang die gewerkschaftsnahe sozialistische Arbeiterpartei die Mehrheit im Parlament.[137]

Begünstigt wurde deren Erfolg durch eine Lebensmittelknappheit, die antikoloniale Stimmung und die schlechte makroökonomische Ausgangslage am

---

[134] Vgl. Cheng, Economic, S.182ff.
[135] Vgl. N.N., Internationales. China-Embargo; in: Der Spiegel, 30/1953, S.15f, hier S.15f.
[136] Vgl. Yeo Kim Wah / Lau, Albert, From Colonialism to independence, 1945-1965, in: Chew, Ernest C. / Lee, Edwin (Hrsg.), A History of Singapore, 2. Auflage, Singapur u.a. 1996, S.117-153, hier S.147ff.
[137] Vgl. Turnbull, Singapore, S.243ff.

Ende der Besatzungszeit. Zudem hielt die breite Masse der Bevölkerung eine Verbesserung der Situation durch das von den Briten wieder eingeführte Prinzip des Freihandels nicht für möglich.

Der Schwerpunkt der politischen Arbeit der neuen Linksregierung, unter Führung von David Marschall (1955-1956) und Lim Yew Hock (1956-1959), lag auf der Erlangung der Unabhängigkeit von der Krone.[138]

Daneben kam es im Rahmen der Wirtschaftspolitik zum Ausbau des Sozial-staates, mittels dessen die Auswirkungen der schlechten ökonomischen Rahmenbedingungen gemildert werden sollten. Zusätzliche Einkommensver-besserungen ergaben sich für einen Teil der Bevölkerung durch höhere Tarif-löhne, die aufgrund des massiven gewerkschaftlichen Drucks ausgehandelt wurden. In Folge dessen erreichte Singapur am Ende der 50er Jahre das höchste Lohnniveau in Asien, wodurch sich Singapurs Situation als Wirt-schaftsstandort empfindlich verschlechterte.[139]

Vor diesem Hintergrund und aufgrund einer Ausweitung des Wahlrechts, kam es im Jahr 1959 zu einer weitgehenden Autonomie der Kronkolonie. Nach der Novellierung verdoppelte sich nahezu der Anteil der Wahlberechtigten. In Folge dessen wurde die People´s Action Party (PAP) unter ihrem charisma-tischen Vorsitzenden Lee Kuan Yew mit 43 von 51 Sitzen stärkste Fraktion der im gleichen Jahr stattfinden Parlamentswahlen.[140] Eine wichtige Voraus-setzung für ihren Erfolg war im Jahre 1955 eine enge Koalition mit der Malaysian Communist Party (MCP), die einen hohen Organisationsgrad in den Gewerkschaften und Bildungsinstitutionen besaß.[141] Dieser Pakt barg allerdings Konfliktpotenzial aufgrund von Interessensgegensätzen der Koali-tionspartner. Dem durch die Koalition entstandenen starken linken Flügel ge-lang eine weit reichende Beeinflussung des wirtschaftpolitischen Kurses der neuen Regierung.[142]

Durch die Wahlsiege der Linksbündnisse, die sozialistische und antiwestliche Rhetorik von Lee Kuan Yew sowie steigende Löhne kam es zu einer weit-

[138] Vgl. Josey, Alex, David Marshall`s political interlude, Singapur 1982, S.75ff.
[139] Vgl. Bürklin, Tiger, S.23.
[140] Vgl. N.N., Singapur unabhängig. Bei den ersten Parlamentswahlen hoher Sieg der Linken; in: Frankfurter Allgemeine Zeitung, 123/1959, S.8, hier S.8.
[141] Vgl. Clutterbuck, Richard Lewis, Riot and Revolution in Singapore and Malaya. 1945-1963, London 1973, S.84f.
[142] Vgl. Drysdale, John, Singapore. Struggle for success, Sydney 1984, S.172ff.

gehenden Verlagerung von Investitionen aus Singapur, vor allem in das günstigere Malaya und das politisch stabile Hongkong.[143] Dies führte zu einer starken Verschlechterung der wirtschaftlichen Lage des Stadtstaates.

3.4.2. Die Implementierung einer Entwicklungsstrategie durch die PAP

Bei der Justierung des wirtschaftspolitischen Kurses zur Überwindung der ökonomischen Schwierigkeiten stand die neue Regierung vor erheblichen Hindernissen.[144] Eine Rückkehr zu einer Form der Freien Marktwirtschaft war der sozialistischen PAP wegen der Allianz mit den Kommunisten nicht möglich. Drastische ökonomische Einschnitte bei der Kernwählerschaft waren aus machtpolitischem Kalkül nicht realisierbar. Somit war der wirtschaftspolitische Spielraum der Regierung bedeutend eingeengt. Lee Kuan Yew entschied sich zu diesem Zeitpunkt für eine Strategie, nach der die Entwicklung des Landes durch den staatlichen Aufbau einer Fertigungsindustrie gelingen sollte. Dabei erfolgte der Schutz der durch die Sozialreformen der Arbeiterregierung verteuerten Produkte Singapurs im Rahmen einer Importsubstitution. Ferner wurde ein Zusammenschluss mit Malaya zur Föderation Malaysia als wirkungsvolles ordnungspolitisches Instrument angestrebt.

a)   Aufbau einer Fertigungsindustrie und Importsubstitution

Der Aufbau einer eigenständigen Industrie wurde durch eine mangelhafte industrielle Infrastruktur und fehlende Investitionsanreize erschwert.[145]
Zur Überwindung dieser Hindernisse beschloss das Kabinett unter Lee Kuan Yew die Durchführung eines groß angelegten Industrialisierungsprogammes. Hierbei sicherte sich die Regierung aufgrund fehlender wirtschaftspolitischer und planerischer Sachkenntnis die Unterstützung der Entwicklungsbehörden der Vereinten Nationen und der Weltbank. Diese erarbeiteten ein detailliertes Industrialisierungsprogramm, das sich auf verschiedene Bestandsaufnahmen

---

[143] Vgl. Bürklin, Tiger, S.25.
[144] Vgl., N.N., Autonomie für Singapur; in: Frankfurter Allgemeine Zeitung, 123/1959, S.2, hier S.2.
[145] Vgl. Bürklin, Tiger, S.26.

der Wirtschaft Singapurs ab dem Jahr 1955 stützte.[146] Die Kommission, die den Entwicklungsplan betreute, wurde vom niederländischen Wirtschaftswissenschaftlers Winsemius geleitet. Sie identifizierte im Jahr 1961 unter Beachtung des niedrigen Ausbildungsstandes der Bevölkerung sowie dem Mangel an eigenen Rohstoffen verschiedene Industriesektoren, die mittelfristig das Potenzial für ein expansives und arbeitsmarktorientiertes Wachstum versprachen. Ausgewählt wurden der Schiffsbau, die Elektro-, die Petrochemische- sowie die Metallindustrie. Die ausführlichen Vorschläge der Kommission zur Förderung dieser Bereiche wurden schnellstmöglich in die Praxis umgesetzt.

Zur Realisierung der Empfehlungen und zur Institutionalisierung einer langfristigen Rahmenplanung wurde mit dem Economic Development Board (EDB) eine Behörde als Koordinierungsinstrument gegründet, die für die Industrialisierung Singapurs eine zentrale Bedeutung besaß und auch heute noch besitzt.[147] Das Ziel des Boards war die Beschleunigung des Wirtschaftswachstums bestehender Industrien sowie die Ansiedlung und Etablierung neuer Wirtschaftszweige.[148]

Die Aufgaben der mit weiten Kompetenzbefugnissen und finanziellen Ressourcen gut ausgestatteten Behörde unterteilten sich in vier Aufgabenfelder, die sich auch in der Aufbauorganisation widerspiegelten. Der EDB lässt sich in die Bereiche „Investment Promotion Division", „Financial Division", „Projects and Technical Consultation Service Division" und "Industrial Facilities Division" unterteilen.

Das Ziel der „Investment Promotion Division" war die Investitionsförderung sowie die Vermarktung Singapurs als Industriestandort. So wurden, nachdem das erste Büro in Tokio 1962 für die Erfüllung seiner Aufgaben gegründet worden war, weltweit Vertretungen in den führenden Industrieländern etabliert. Die „Financial Division" vergab eigenständige Kredite und stellte Risikokapital vornehmlich für Fertigungsunternehmen zur Verfügung, während die Hauptaufgabe der „Projects and Technical Consultation Service Division" in

---

[146] Vgl. Cheng, Economic, S.188ff.
[147] Vgl. Economic Development Board of Singapore (Hrsg.), Die nächste Etappe, Singapur 1991, S.57ff.
[148] Vgl. Kwong, Kai-Sun, Industrial development in Singapore, Taiwan and South Korea, River Edge NJ u.a. 2001, S.5.

der Forschung, Industrienormung sowie in der Qualitätszertifizierung lag. Die umfassendste Aufgabe fiel der „Industrial Facilities Division" zu. Das Ziel dieser Abteilung war die Erschließung und der Aufbau des Industriegebietes Jurong im Westen der Insel. Dabei handelte es sich um einen bis dahin verkehrsmäßig nicht erschlossenen Teil der Insel. Die Aktivitäten zur Erschließung der Sumpflandschaft umfassten den Aufbau einer verkehrstechnischen- und industriellen Infrastruktur. Zudem wurde auch für Wohnungen und Freizeitmöglichkeiten gesorgt, so dass sich Jurong zu einer selbstversorgenden Satellitenstadt und Keimzelle der Industrialisierung Singapurs entwickeln konnte.[149] Hierzu gehörte auch der Neubau eines neuen Tiefwasserhafens. Die groß angelegten öffentlichen Bauprogramme verliehen der Wirtschaft Singapurs erhebliche konjunkturelle Impulse in der ersten Hälfte der 60er Jahre.[150]

In der Folgezeit konnte ein immer differenzierteres Infrastrukturangebot durch das EDB bereitgestellt werden. Daneben wurden Anreize für Investitionen in- und ausländischer Unternehmen in der Fertigungsindustrie geschaffen. Als Instrumente dienten steuerliche Vorteile und ein Schutz durch Importzölle und -quoten. Als Beispiele sind hier die fünfjährige Steuerbefreiung auf Unternehmensgewinne für Pionierunternehmen bzw. die Fortschreibung deren Verluste sowie die staatliche Protektion vor Konkurrenz für jedes Produktionsunternehmen in Form von Importzöllen und -quoten für ihre Güter anzuführen.[151]

Grundsätzlich kann festgestellt werden, dass das Zusammenwirken der vier Unterorganisationen unter dem Dach des EDB mit Unterstützung der Regierung und verschiedener internationaler Organisationen, der Katalysator der Industrialisierung Singapurs war, wobei das Wirtschaftswachstum durch eine Politik der Importsubstitution akzeleriert wurde.

b)   *Der Beitritt zur Föderation Malaysia als ordnungspolitisches Instrument*

---

[149] Vgl. www.jtc.gov.sg/Corporate/overview/milestones.asp (abgerufen am 11. Juni 2006).
[150] Vgl. Cheng, Economic, S.192ff.
[151] Vgl. Bürklin, Tiger, S.29.

Eine Grundvoraussetzung für eine funktionierende Wirtschaft sind Absatzmärkte für die produzierten Güter im In- oder Ausland. Die Produkte Singapurs waren zu Beginn des Aufbaus einer Fertigungsindustrie auf dem Weltmarkt nur bedingt konkurrenzfähig. Ursache für die mangelnde Weltmarkt-
fähigkeit waren unter anderem die relativ hohen Preise für Produkte aus
Singapur, für die die hohen Kosten der gestiegenen Sozialstandards verantwortlich waren. Zudem wurde der Wachstumsprozess durch wirtschaftliche
Sanktionen anderer Nationen als Reaktion auf die restriktiven Einfuhrbestim-
mungen Singapurs gedämpft. Da die Stadt als inländischer Absatzmarkt zu
klein war, entschied sich die auf Wirtschaftswachstum angewiesene Staats-
macht zur Errichtung eines größeren Binnenmarktes. Dabei wurde der Beitritt
zum geplanten neuen Staat Malaysia gefördert. Neben dem wirtschaftlichen
Aspekt erhoffte sich Lee Kuan Yew auf diese Weise, sich seiner politischen
Koalitionspartner, der kommunistischen MCP, entledigen zu können. Den
Kommunisten und dem regierungskritischen, sozialistischen Flügel der PAP
drohte durch den Beitritt ein Verbot der politischen Agitation. Denn in Malaya
galt nach jahrelangen militärischen Auseinandersetzungen seit dem Jahr
1948 eine strenge Gesetzgebung zur Eindämmung des Kommunismus.[152] Es
folgte ein innerparteilicher Machtkampf, der beinahe zu einem Zusammenbruch der PAP führte. Der gemäßigte Flügel um Lee Kuan Yew wurde dabei
durch den niederländischen Leiter der Entwicklungskommission, Winsemius,
beeinflusst, der als Erfolg für das Industrialisierungsprogramm Singapurs
schon vor 1961 eine Distanzierung vom kommunistischen Flügel forderte.[153]
Auch Großbritannien unterstützte den Staatschef und befürwortete aus
sicherheitspolitischen Gründen die Bildung einer Föderation Malaysia unter
Einschluss Singapurs. Die alte Kolonialmacht befürchtete, dass ihr geostrate-
gisch wichtiger Militärstützpunkt in der asiatischen Einfluss-Sphäre kommu-
nistisch infiltriert werden könnte. Auch der malaiische Premierminister
Rahman förderte den Zusammenschluss der beiden Staaten und unterstützte

---

[152] Vgl. Clutterbuck, Richard Lewis, Riot and Revolution in Singapore and Malaya, 1945-1963,
London 1973, S.167ff.
[153] Vgl. Drysdale, John, Singapore. Struggle for Success, Sydney 1984, S.252.

damit den gemäßigten Flügel. Er befürchtete, dass sich der Nachbar zu einem „zweiten Kuba" entwickeln könnte.[154]

Schlussendlich kam es zur Abspaltung des linken Flügels im August 1961. Nach der Gründung einer neuen Partei, der Sozialistischen Front, stand die PAP vor dem Aus, da ein Großteil der Sitze im Parlament verloren ging.[155] Parallel zur PAP spaltete sich der Singapurer Gewerkschaftsbund in die der Regierungspartei nahe stehende National Trade Union Cooperation (NTUC) und in die kommunistische Singapore Association of Trade Union (SATU).[156] Der PAP gelang es allerdings durch eine Neuorganisation der Parteigremien das Überleben der Partei als nichtkommunistische Kraft und die Regierungsmacht zu sichern.[157] Die Opposition wurde im Februar 1963 durch eine Polizeiaktion, bei der die führenden Köpfe der kommunistischen Linken und der Gewerkschaften verhaftet wurden, ausgeschaltet. Die kommunistische Gewerkschaft SATU wurde verboten.[158]

Damit war der Weg für einen Beitritt Singapurs zur Föderation Malaysia frei, der am 16. September 1963 erfolgte. Singapur übergab dabei nicht nur die Außen- und Verteidigungspolitik, sondern auch die Zuständigkeit für die innere Sicherheit an die Zentralregierung in Kuala Lumpur.[159] In Folge dessen wurden die Kommunisten nahezu gänzlich entmachtet. Getragen von einer Euphoriewelle anlässlich des Beitritts zu Malaysia, der auch einen weiteren Schritt in die Unabhängigkeit von Großbritannien bedeutete, eroberte die PAP 37 von 51 Sitzen bei den Parlamentswahlen am 21. September 1963.[160] Die Sozialistische Partei eroberte 13 Mandate, die sie allerdings aus Furcht vor einer geplanten Polizeiaktion nicht antrat. Schließlich legten die Wahlen den Grundstein für das bis heute faktisch bestehende Einparteiensystem Singapurs. Dadurch kam es zu einer Legitimation der Marktwirtschaft und einer Integration in den westlichen Bündnisblock. Durch den Zusammenschluss mit

---

[154] Vgl. Bürklin, Tiger, S.33f.
[155] Vgl. Schumacher, Kirsten, Politische Opposition und politischer Wandel in Singapur (=Demokratie und Entwicklung, 8), Münster / Hamburg 1993, S.69ff.
[156] Vgl. Holtgrave, Wilfried, Industrialisierung in Singapur. Chancen und Risiken industrieorientierter Spezialisierung, Frankfurt u.a. 1987, S.191ff.
[157] Vgl. Bürklin, Tiger, S.33.
[158] Vgl. Clutterbuck, Richard Lewis, Riot and Revolution in Singapore and Malaya, 1945-1963, London 1973, S.159.
[159] Vgl. Turnbull, Singapore, S.251f.
[160] Vgl. Drysdale, John, Singapore. Struggle for Success, Sydney 1984, S.339.

Malaya wurden die Hindernisse des Industrialisierungsprogammes in Form eines zu kleinen Binnenmarktes beseitigt.

3.4.3. Der Vereinigungsaufschwung und -krise (1960 bis 1965)

In den 50er Jahren gab es keine signifikante Änderung der Wirtschaftsstruktur gegenüber den Vorkriegsjahren. Der Zwischenhandel, der in „Abbildung 7" unter „Others" eingeschlossen ist, dominierte weiterhin die Wirtschaft. Der Wachstumsprozess war zum Stillstand gekommen.

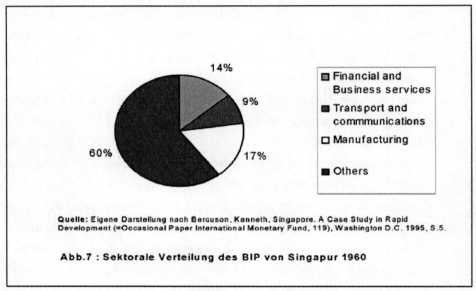

14%
9%
60%
17%

- Financial and Business services
- Transport and commmunications
- Manufacturing
- Others

Quelle: Eigene Darstellung nach Bercuson, Kenneth, Singapore. A Case Study in Rapid Development (=Occasional Paper International Monetary Fund, 119), Washington D.C. 1995, S.5.

Abb.7 : Sektorale Verteilung des BIP von Singapur 1960

Die frühen 60er Jahre dagegen stellten mit einem durchschnittlichen Wachstum von acht Prozent eine Phase der Hochkonjunktur dar und leiteten auch einen sektoralen Strukturwandel ein.[161]

Neben den Wachstumsimpulsen aus dem Aufbau einer Fertigungsindustrie sorgte die Aussicht auf einen gemeinsamen Markt für einen starken Aufschwung im Zeitraum von 1960 bis 1963 (vgl. Abbildung 8). Zusätzlich zu der arbeitskräfteintensiven Textil- und Spielzeugindustrie entwickelten sich auch neue kapital- und technologieintensive Wirtschaftszweige. Hierbei stellte die

---

[161] Vgl. Cheng, Economic, S.193f.

Stahl- und Ölindustrie eine wichtige Determinante des Wachstums dar.[162] Singapur erhoffte sich eine zentrale Funktion als eine Weltstadt in einer rohstoffreichen und agrarisch geprägten Region – ein „New York in Malaysia".

Allerdings verursachte der Beitritt neue Probleme, die schnell die vorherrschende Euphorie dämpften. Erstens stagnierte Singapurs Wirtschaft unter dem Einfluss der Zentralregierung in Kuala Lumpur. Die Stadt wurde im Zuge eines Lastenstrukturausgleiches fiskalisch verhältnismäßig stark in Regress genommen. Außerdem wurde der bilateral vereinbarte Abbau von Handelsbeschränkungen, zur Schaffung eines integrierten Binnenmarktes, nicht wie geplant vorangetrieben. Zweitens verursachte ein Wirtschaftsboykott Indonesiens einen empfindlichen Rückgang des Handels.[163]

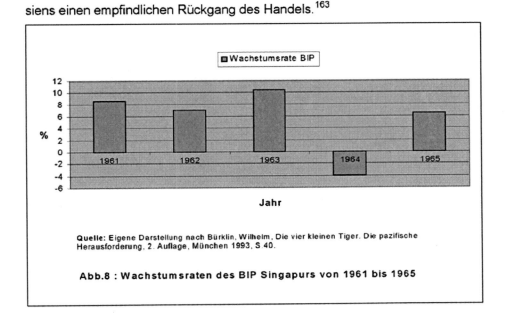

Quelle: Eigene Darstellung nach Bürklin, Wilhelm, Die vier kleinen Tiger. Die pazifische Herausforderung, 2. Auflage, München 1993, S.40.

Abb.8 : Wachstumsraten des BIP Singapurs von 1961 bis 1965

Das Inselreich agierte aufgrund territorialer Grenzstreitigkeiten im Zuge der Integration des Nordens von Borneo auch militärisch gegen den neuen Staat Malaysia.[164] Diese beiden Faktoren verursachten in Singapur im Jahr 1964 das erste Minuswachstum seit dem Ende der japanischen Besetzung (vgl. Abbildung 8)

---

[162] Vgl. www.edb.gov.sg./edb/sg./en/_uk/index/about us/ our history/the_1960s.html (abgerufen am 01. Juli 2006).
[163] Vgl. Bürklin, Tiger, S.38f.
[164] Vgl. N.N., Malaysia. Sukarno; in: Der Spiegel, 35/1964, S.56-58, hier S.56.

Auch die Politik förderte die Integration der Stadt innerhalb des neuen Staates nicht. Im Juli 1964 verursachten die durch die Zentralregierung erlassenen Sonderrechte für die malaiische Volksgruppe schwerste Rassenunruhen, in deren Verlauf mindestens 35 Menschen zu Tode kamen und 600 verletzt wurden.[165] Die politischen und wirtschaftlichen Spannungen führten dazu, dass der Vorsitzende der Zentralregierung, Rahman, Singapur aus der Föderation entließ. Die ehemalige Kolonie Singapur erhielt somit am 09. August 1965 endlich die politisch ersehnte volle Unabhängigkeit.[166] Dieses Ereignis stellte einen Wendepunkt in der politischen und wirtschaftlichen Entwicklung Singapurs dar.

Zusammenfassend lässt sich sagen, dass es im Zeitraum von 1955-1965 zu zahleichen wirtschaftspolitischen Veränderungen kam. Nach dem Ausbau des Sozialstaates in der zweiten Hälfte der 50er Jahre stagnierte die Wirtschaft der Kolonie. Lee Kuan Yew, der Vorsitzende der PAP, setzte anfänglich den wirtschaftspolitischen Kurs seiner Vorgänger, nach dem Wahlerfolg seiner Partei im Jahr 1959, fort. Der mangelnde Erfolg und der außenpolitische Druck führten zu einem Umdenken. Zur Lösung der ökonomischen Probleme wurden ein staatlich geschützter Aufbau einer Fertigungsindustrie, eine Politik der Importsubstitution sowie die Integration in einen Binnenmarkt mit Malaysia präferiert. Hierbei sicherte sich die Regierung die Unterstützung internationaler Organisationen. Als institutionelle Koordinierungsbehörde wurde das EDB gegründet, in deren Aufgabenbereich die konkrete Umsetzung der wirtschaftspolitischen Maßnahmen lag. Die kurze Mitgliedschaft in der Föderation Malaysia stellte wichtige ordnungspolitische Weichen. So wurde die kommunistische Opposition ausgeschaltet und statt dessen ein Einparteiensystem installiert. Zudem konnte eine Marktwirtschaft aufgebaut und die vollständige politische Unabhängigkeit erreicht werden. Im Zeitraum von 1955 bis 1965 wurde somit das staatliche, institutionelle und ordnungspolitische Fundament für den Aufstieg Singapurs in den folgenden zwanzig Jahren gelegt.

---

[165] Vgl. N.N., Malaysia. Singapur; in: Der Spiegel, 34/1965, S.63-65, hier S.65.
[166] Vgl. Josey, Alex, Lee Kuan Yew. The struggle for Singapore, London 1974, S.195.

3.5.   Der Wirtschaftsboom (1965 bis 1985)

3.5.1.   Der Wirtschaftsliberalismus hinter sozialistischer Fassade

Nach der Entlassung Singapurs aus der malaysischen Föderation war eine Neuausrichtung der Wirtschaftspolitik notwendig. Durch den Wegfall Malaysias als Absatzmarkt für die durch Zölle und Quoten geschützten Güter waren die Erfolgsvoraussetzungen einer Importsubstitution hinfällig – eine Export- und Kostenorientierung der Wirtschaft war unumgänglich.[167] Der Stadtstaat sah einer ungewissen Zukunft entgegen.[168] Die Regierung reagierte auf die veränderten Rahmenbedingungen mit hohen Kostenentlastungen für Unternehmen zur Verbesserung der Wettbewerbsfähigkeit der Wirtschaft Singapurs.

a)   Exportorientierung und multinationale Unternehmen

Zur Umsetzung ihres neuen wirtschaftspolitischen Kurses führte das EDB unter Führung des Wirtschaftsministers Goh Kong Swee eine Reihe neuer fiskalischer Anreizmechanismen zur Förderung der Exportorientierung der Unternehmen ein. Dadurch wurden die Rahmenbedingungen für ausländische Investoren verbessert. Die Regierung legalisierte den Transfer von Unternehmensgewinnen ins Ausland und verbesserte den Investitionsschutz. Sukzessiv wurden die Import-, Umsatz-, und Kapitalertragssteuer abgeschafft.[169] Dazu schloss die Regierung Doppelbesteuerungsabkommen mit den wichtigsten Handelspartnern ab.[170] Des Weiteren wurden fast alle Zölle abgebaut und so die Abwicklung des Handels erheblich erleichtert. Viele ausländische Handelsfirmen siedelten sich deshalb seit dem Jahr 1965 in Singapur an. Sie nutzten den Stadtstaat wie zur Kolonialzeit als Standort für den Handel mit Malaysia und Indonesien.[171] Auch verbilligte die Öffnung hin zum

---

[167] Vgl. Bürklin, Tiger, S.42f.
[168] Vgl. Bonavia, David, Singapore´s Dark Horizon; in: Far Eastern Economic Review, 8/1967, S.327, hier S.327.
[169] Vgl. Bürklin, Tiger, S.43.
[170] Vgl. Dörrfuß, Peter / Weidlich, Thomas, Neues DBA zwischen Deutschland und Singapur; in: Internationales Steuerrecht, 15/2005, S.518-522, hier S.518f.
[171] Vgl. Rieger, Christoph, Die erfolgreiche Wirtschaftspolitik Singapurs – Können die Entwicklungsländer daraus lernen?; in: Opitz, Peter, Auf den Spuren der Tiger (=Bayerische Landeszentrale für politische Bildungsarbeit, A 102), München, S.79-99, hier S.83.

Weltmarkt nicht nur die Importe für die Konsumenten, sondern führte zu günstigeren Einkaufspreisen für Roh- und Halbwaren für die exportorientierte Fertigungsindustrie. Somit wurde Singapur als Standort attraktiv für multinationale Fertigungsunternehmen, die die Stadt als Regionalzentrum für ihre Aktivitäten im südostasiatischen Raum nutzen.[172] Diese Unternehmen erzielten gegenüber den einheimischen Firmen wesentlich höhere Zuwächse hinsichtlich Produktivität, Export und Wertschöpfung. Die multinationalen Unternehmen wurden zum Antrieb des Industrialisierungsprozesses und zur Quelle des technischen Fortschritts in Singapur.[173] Andererseits bergen eine exportorientierte Ausrichtung der Wirtschaft und eine von multinationalen Unternehmen geprägte Wirtschaftsstruktur die Gefahr der Abhängigkeit von globalen Wirtschaftsschwankungen. Daher war Singapur genötigt, seine Ordnungs- und Wirtschaftspolitik in der Folgezeit bei einer Rezession schnell und flexibel zu adjustieren (vgl. Kapitel 3.6.). Zusammenfassend kann gesagt werden, dass die aus der Not geborene Ausrichtung der Wirtschaftspolitik im Zuge der veränderten Rahmenbedingungen ein für Singapur erfolgreiches wirtschaftspolitisches Instrument darstellte.

b)   *Verstärkter Eingriff in Industrie- und Tarifpolitik*

Neben der Außenhandelsorientierung stellten die Eingriffe der Regierung zur Gestaltung unternehmerfreundlicher Arbeitsbeziehungen und die drastischen Lohnsenkungen einen entscheidenden Unterschied zur vorhergehenden Phase dar. Nach der Unabhängigkeit novellierte die PAP-Regierung das Gewerkschafts- und Arbeitsrecht. In den 60er Jahren stand insbesondere die Zerschlagung der Gewerkschaften im Vordergrund. Dabei ging die Führung von Singapur davon aus, dass Streiks von den Industrieländern als für die Volkswirtschaften schädlich angesehen wurden. Nicht nur die Kosten für die Volkswirtschaft wurden argwöhnisch betrachtet. Die politische Führung befürchtete, dass durch Streiks häufig auch politische Ziele durchgesetzt werden

---

[172] Vgl. Breuer, Jörg, Standort Singapur, Diss., Erlangen 1994, S.105ff.
[173] Vgl. Kwong, Kai-Sun, Industrial development in Singapore, Taiwan, and South Korea, River Edge NJ u.a. 2001, S.13f.

sollten.[174] Neben der Verhaftung von Gewerkschaftsfunktionären nutzte die Regierung daher zahlreiche „legale" Repressalien zur Behinderung der Gewerkschaftsarbeit.

Des Weiteren wurden zur Verhinderung von Streiks Arbeitsgerichte geschaffen. Ein Arbeitskampf war illegal, wenn er an ein Arbeitsgericht verwiesen wurde. Der zuständige Arbeitsminister konnte jeden Streik an ein Arbeitsgericht weiterleiten. Ein Streik war somit nur im Bündnis mit der Regierung möglich. Damit waren die Gewerkschaften endgültig entmachtet. Die Anzahl der Streiks ging ab Mitte der 60er Jahre drastisch zurück.[175] Die Ausdehnung des politischen Einflusses auf die Tarifpolitik wurde während der 70er Jahre noch ausgebaut. Hintergrund war ein verlangsamter Wachstumsprozess durch die Ankündigung Großbritanniens eines Truppenabzugs aller Stützpunkte östlich von Suez.[176]

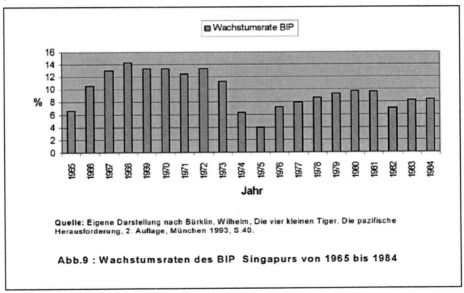

Quelle: Eigene Darstellung nach Bürklin, Wilhelm, Die vier kleinen Tiger. Die pazifische Herausforderung, 2. Auflage, München 1993, S.40.

Abb.9 : Wachstumsraten des BIP Singapurs von 1965 bis 1984

Dieses bedeutete auch den Verlust eines bedeutenden Wirtschaftsfaktors, da zehn Prozent der erwerbstätigen Bevölkerung direkt oder indirekt vom

---

[174] Vgl. Rieger, Christoph, Die erfolgreiche Wirtschaftspolitik Singapurs – Können die Entwicklungsländer daraus lernen?; in: Opitz, Peter, Auf den Spuren der Tiger (=Bayerische Landeszentrale für politische Bildungsarbeit, A 102), München, S.79-99, hier S.82.
[175] Vgl. Bürklin, Tiger, S.35ff.
[176] Vgl. Murfett, Malcom H., Between two oceans. A military history of Singapore from first Settlement to final British withdrawal, Oxford 1999, S.323.

Flottenstützpunkt Singapur abhängig waren.[177] Hinzu kam eine Verlangsamung des Entwicklungsprozesses Mitte der 70er Jahre durch eine Abschwächung der Weltkonjunktur. Ursache hierfür waren einerseits die Auflösung der bestehenden Währungsordnung und andererseits die Ölkrisen (vgl. Abbildung 9). Auf diese wirtschaftliche Herausforderung reagierte die PAP-Regierung mit einer empfindlichen Senkung der Lohnkosten durch eine erneute weit reichende Reform des Arbeitsrechtes.[178] Die Tarifpolitik wurde zentralisiert und durch einen „Nationalen Lohnrat" bestimmt.[179]

Dies geschah im Rahmen der Schaffung einer nationalistischen, volksgruppenübergreifenden Überlebensideologie in Folge des britischen Truppenabzugs. Dabei wurden durch die PAP „asiatische Werte" propagandiert und zur Herrschaftssicherung instrumentalisiert.[180]

Zusammenfassend lässt sich feststellen, dass die erzwungene Kooperationsbereitschaft der regierungsnahen Gewerkschaft NTUC eine Voraussetzung für den Aufstieg Singapurs zu einem zentralen Standort für multinationale Unternehmen in Südostasien war.

c)   *Aufstieg zum Finanzzentrum und Restrukturierung der Wirtschaft*

Mit dem starken Wirtschaftswachstum in den 60er Jahren entwickelte sich Singapur zu einem Zentrum der Finanzwirtschaft. In Folge dessen kam es zu einer zunehmenden Ausweitung und Diversifikation der finanzwirtschaftlichen Institutionen und Dienstleistungen. Begünstigt wurde dieser rasche Ausbau, der bis zum Jahr 1967 anhielt, durch eine gemeinsame Währung mit der malaiischen Halbinsel. Nach der Einführung einer eigenen Währung und der Schaffung einer liberalen Behörde mit Zentralbankfunktion wurde 1968 der Asia Dollar Markt gegründet, auf dem Devisentermingeschäfte abgewickelt wurden.[181] Ein Jahr später begann die Liberalisierung des Goldmarktes.[182] Es

---

[177] Vgl. Cheng, Economic, S.196.
[178] Vgl. Bürklin, Tiger, S.45ff.
[179] Vgl. World Bank (Hrsg.), The East Asian Miracle. Economic growth and public policy, Oxford u.a. 1993, S.153.
[180] Vgl. Tamney, Joseph B, The struggle over Singapore`s Soul. Western modernization and Asian culture (=De Gruyter studies in organization, 70), Berlin u.a. 1996, S.145ff.
[181] Vgl. Bercuson, Kenneth, Singapore. A Case Study in Rapid Development (=Occasional Paper International Monetary Fund, 119), Washington D.C. 1995, S.39ff.

folgte die Gründung von Handelsbanken und eine Zunahme der Kreditver-
gaben durch etablierte Geschäftsbanken.[183] Die Verdoppelung des sektoralen
Anteils am BIP des „Financial and Business Service" verdeutlicht den Aufstieg
Singapurs zum Finanzzentrum. Auch der Anteil der Industrie stieg über die
Jahre deutlich (vgl. Abbildung 7 und 10).

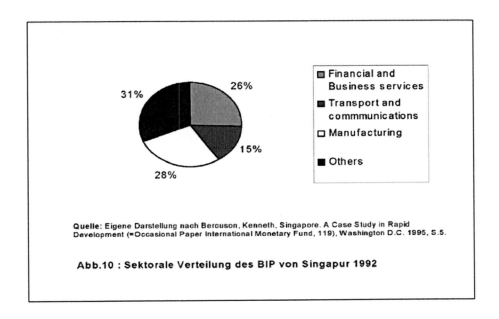

Quelle: Eigene Darstellung nach Bercuson, Kenneth, Singapore. A Case Study in Rapid
Development (=Occasional Paper International Monetary Fund, 119), Washington D.C. 1995, S.5.

Abb.10 : Sektorale Verteilung des BIP von Singapur 1992

Eine Restrukturierung der Wirtschaft erfolgte innerhalb eines Programms der
Regierung – die „Second Industrial Revolution".[184] Ziel dieser im Jahre 1979
vorgestellten Planung war der weitere Ausbau Singapurs zum regionalen
Dienstleistungszentrum und zum attraktiven Standort für die Hightech Indus-
trie. Hierbei lag der Schwerpunkt vor allem auf der Elektronikindustrie.
Speziell die Halbleiterindustrie baute im Windschatten des amerikanischen
Unternehmens Texas Instruments eine kapital- und technologieintensive
Fertigung auf, die einen qualitativen technologischen Sprung Singapurs er-
möglichte. Der Ausbau der Wirtschaftsstruktur wurde durch Steueranreize und

---

[182] Vgl. World Bank (Hrsg.), The East Asian Miracle. Economic growth and public policy, Oxford u.a. 1993, S.153.
[183] Vgl. Cheng, Economic, S.195ff.
[184] Vgl. Huber, Andreas, Die wirtschaftlichen und politischen Beziehungen der VR China zu
den ASEAN-Staaten am Beispiel Singapurs (=Mitteilungen des Instituts für Asienkunde,
251), Hamburg 1995, S.50ff.

Subventionen unterstützt, wodurch bereits 1980 der Wirtschaftszweig der Elektronikindustrie der wichtigste industrielle Arbeitgeber war.[185]

Wirtschaftspolitisch wurde versucht, eine Hochlohnpolitik mit Hilfe des „Nationalen Lohnrates" zur Stimulierung der Binnenkonjunktur durchzusetzen. Dadurch versprachen sich die wirtschaftspolitischen Akteure, multinationale Unternehmen für zukunftsweisende Investitionen im Bereich der Hochtechnologie zu gewinnen.[186] Zusätzlich wurde die Bekämpfung der Korruption forciert.

Des Weiteren kam es zu einem Ausbau der staatlichen Beteiligungspolitik. Die Auslagerung von Aufgaben des EDB in eigenständige Behörden wurde durchgeführt, um die bürokratische Effizienz zu erhöhen. So entstand unter anderem das Housing and Development Board (HDB), welches 85 Prozent des Wohnungsbestandes in Singapur erbaute und verwaltete. Zudem entstand ein zentraler Fonds für die Altersversorgung, der Central Provident Fund (CPF), in den bis zu 40 Prozent der Lohnsumme einbezahlt werden musste. Er war wesentlich für die weitere Finanzierung der Industrialisierung.

Der staatliche Einfluss dehnte sich in der Folgezeit aber auch in zunehmendem Maße auf die Privatwirtschaft aus. Um wirtschaftliche Gewinne zu erzielen, gründeten Ministerien oder staatliche Dachorganisationen, beispielsweise die Sheng-Li Holdings, rechtlich selbstständige, marktwirtschaftlich orientierte Gesellschaften. Diese umfassten sämtliche Zweige der Wirtschaft. Im Bereich der Luft- und Seetransporte entstanden unter anderem die Singapore Airlines und die Neptun Orient Lines. In den 80er Jahren erzielten die Staatsbetriebe bis zu 50 Prozent der Staatseinnahmen.[187]

Grundsätzlich entwickelte sich in Singapur parallel zur Industrie eine expandierende Finanzwirtschaft. Seit dem Jahr 1979 wurde der industrielle Strukturwandel durch Hochlohnpolitik und verstärkten Staatseingriff gefördert.

3.6. Die Wirtschaftskrise und ihre Konsolidierung (1985 bis 1996)

---

[185] Vgl. Holtgrave, Wilfried, Industrialisierung in Singapur. Chancen und Risiken industrieorientierter Spezialisierung, Frankfurt u.a. 1987, S.100ff.

[186] Vgl. Bello, Walden / Rosenfeld, Stephanie, Dragons in Distress. Asia's Miracle Economies in Crisis, San Francisco 1990, S.297.

[187] Bürklin, Tiger, S.52ff.

Im Jahre 1985 begann eine wirtschaftliche Rezession, das Wachstum des Bruttoinlandsproduktes sank im Vergleich des Vorjahres von 8,2 Prozent auf -1,8 Prozent. (vgl. Abbildung 11).

Die Ursachen für diese Krise waren vielfältig und lassen sich auf interne und externe Ursachen zurückführen. Extern verursachte eine globale Wirtschaftskrise zu Beginn der 80er Jahre eine sinkende Nachfrage nach Gütern und Dienstleistungen der exportorientierten Ökonomie Singapurs. Diese Entwicklung verstärkte die Konjunkturrückgänge in den Nachbarstaaten Malaysia und Indonesien.

Intern führte die Hochlohnpolitik des „Nationalen Lohnrates" dazu, dass zahlreiche ausländische Investoren ihre Produktion ins Ausland verlagerten und kleinere lokale Unternehmen aufgaben.[188]

Außerdem erhöhte die Regierung die Abgabenlast für den CPF.[189] Als Folge wies Singapur eine der höchsten Sparquoten weltweit auf, wodurch der angestrebte Strukturwandel in der Industrie finanziert werden sollte.

Allerdings wurde vor allem das privat gesparte Kapital nicht in die durch die Hochlohnpolitik belastete Industrie investiert, sondern hauptsächlich in den Immobiliensektor. Begünstigt wurde diese Entwicklung dadurch, dass es seit dem Jahr 1981 den Arbeitnehmern gestattet war, ihr CPF-Guthaben für den Kauf von Haus- und Wohnungseigentum zu benutzen. Folglich kam es zu steigenden Bauinvestitionen, da der Immobilienbesitz höhere Renditen als die staatliche Verzinsung versprach.

Damit trug der Bausektor erheblich zum Wachstums- und Entwicklungsprozess zu Beginn der 80er Jahre bei. Allerdings überdeckte das Wachstum in diesem Bereich die Mängel in dem durch fehlende Investitionen und hohe Löhne gekennzeichneten Industriesektor.[190] Dieser Sachverhalt wurde schließlich im Jahr 1985 ersichtlich. Das negative Wirtschaftswachstum be-

---

[188] Vgl. Bello Walden F. / Rosenfeld, Stephanie, Dragons in Distress. Asia`s Miracle Economies in Crisis, San Francisco 1990, S.297.

[189] Vgl. Huber, Andreas, Die wirtschaftlichen und politischen Beziehungen der VR China zu den ASEAN-Staaten am Beispiel Singapurs (=Mitteilungen des Instituts für Asienkunde, 251), Hamburg 1995, S.50ff.

[190] Suhr, Wolfgang, Singapurs Rezession 1985. Resultat eines lohnpolitischen Experiments (=Kieler Arbeitspapiere, 391), Kiel 1989, S.21ff.

wies den schimärenhaften Charakter des Immobilienbooms und verdeutlichte die verfehlte gesamtwirtschaftliche Faktorallokation. (vgl. Abbildung 11).[191]

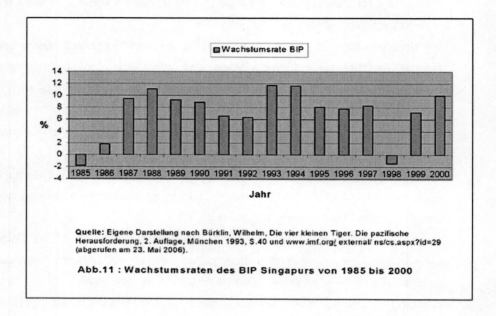

Quelle: Eigene Darstellung nach Bürklin, Wilhelm, Die vier kleinen Tiger. Die pazifische Herausforderung, 2. Auflage, München 1993, S.40 und www.imf.org/ external/ ns/cs.aspx?id=29 (abgerufen am 23. Mai 2006).

Abb.11 : Wachstumsraten des BIP Singapurs von 1985 bis 2000

Zur Lösung der Krise wurde eine Expertenkommission eingesetzt, die die Ursachen analysierte und im Februar 1986 explizite Lösungsansätze vorschlug.

So entstanden Ausstiegsklauseln für die staatliche Tarifpolitik, die Lohnminderung bei schlechter Wirtschaftslage für angeschlagene Unternehmen zuließen. Die Regierung reagierte zusätzlich mit einer verstärkten Liberalisierung der Staatsbetriebe, einer zunehmenden außenwirtschaftlichen Öffnung des Landes, der Senkung der Beiträge zum CPF sowie einer Reform des privaten Wohnungsmarktes.[192]

Bereits 1987 lag das Wachstum des Bruttoinlandsproduktes wieder fast bei zehn Prozent.

Am 28. November 1990 trat Lee Kuan Yew, der den wirtschaftlichen Erfolg Singapurs verkörperte, im Alter von 67 Jahren zurück. Sein Nachfolger wurde

---

[191] Vgl. Lim, Chong Yah, From High Growth Rates to Recession; in: Sandhu, Kernial Singh (Hrsg.), Management of Success. The Moulding of Modern Singapore, Singapur 1989, S.201-218, hier S.215ff.

[192] Vgl. Bercuson, Kenneth, Singapore. A Case Study in Rapid Development (=Occasional Paper International Monetary Fund, 119), Washington D.C. 1995, S.31ff.

der von ihm ausgewählte Verteidigungsminister und Stellvertreter Goh Chok
Tong. Er knüpfte an die Wirtschaftspolitik seines Vorgängers an.[193]

Der Trend des Wachstumsprozesses entwickelte sich trotz des wirtschaftlichen Rückschlags im Jahr 1985 und dem Verlust der zentralen Figur weiter
positiv.

3.7. Die asiatischen Finanzturbulenzen und die Wirtschaft Singapurs (1997 bis 1999)

Als regionales Finanz- und Handelszentrum Südostasiens war es unvermeid-
lich, dass die Auswirkungen der Finanzturbulenzen, die am 02. Juli 1997 in
Thailand begonnen hatten, auch die ehemalige britische Kronkolonie er-
reichen würden.

Viele Industrieunternehmen Singapurs, aber auch Banken, waren wirtschaftlich stark in Südostasien aktiv.

Doch obwohl seine beiden engsten Handelspartner Indonesien und Malaysia
durch die Krise schwer getroffen wurden, überstand Singapur die Finanz- und
Währungskrise verhältnismäßig gut. Darauf deutet schon der Sachverhalt hin,
dass Singapur eher indirekt von den Auswirkungen der Turbulenzen getroffen
wurde. Mit der Abwertung des thailändischen Baht Anfang Juni kam es auch
zu einer Abwertung des Singapur-Dollar. Im Verlaufe des Jahres 1997
wertete der Singapur-Dollar gegenüber dem US-Dollar um 15 Prozent ab.
Dennoch war die Abwertung gegenüber dem US-Dollar im Vergleich zum
thailändischen Baht, der indonesischen Rupie und dem malaiischen Ringgit
verhältnismäßig gering.[194] Aufgrund der relativ schwächeren Abwertung sank
die Wettbewerbsfähigkeit von Produkten aus Singapur auf den Weltmärkten
gegenüber den Nachbarstaaten. Auch die Abwertung des Yen in der Jahres-
mitte 1997, ausgelöst durch die stagnierende Wirtschaft Japans, trug zusätz-

---

[193] Vgl. N.N., Singapur. Ende einer Ära; in: Der Spiegel, 49/1990, S.190-194, hier S.190.
[194] Vgl. N.N., Spiegel-Gespräch mit Ex-Regierungschef Lee Kuan Yew über die fernöstliche
Finanzkrise; in: Der Spiegel, 15/1998, S.154-158, hier S.154ff.

lich zu dieser Entwicklung bei. Von der schlechten Stimmung beeinflusst, sanken die Aktienpreise in Singapur.[195]

Dennoch wuchs das Bruttoinlandsprodukt um 1,5 Prozent, was ein Indiz für die Stärke der Volkswirtschaft der Stadt darstellte. Hierfür war in der Krisenzeit vor allem das Wechselkurssystem des Stadtstaates verantwortlich. Im Gegensatz zu vielen anderen asiatischen Staaten gab es ein flexibles Wechselkurssystem. Somit war Singapur für internationale Devisenspekulationen nicht interessant.[196] Begünstigend wirkte sich daneben auch aus, dass ein Großteil der Exporte nach Europa und in die USA gingen. Diese Regionen waren weniger in die Krise involviert.[197]

Die Reaktion auf die Krise fiel ähnlich aus wie in vorausgegangenen Krisen: Kostensenkungsprogramme, Effizienzsteigerung und zunehmende Liberalisierung der Märkte.

Im Finanzsektor verpflichtete die Monetary Authority of Singapore (MAS) die Banken zur Offenlegung ihrer Investitionen in den Nachbarländern. Die Auflagen der Bankenaufsicht wurden verschärft. Ab September 1998 erholten sich die Finanzmärkte und erreichten im März 1999 nahezu den Stand vor der Krise.

Die Löhne sanken zwischen fünf und zehn Prozent, die Beitragssätze zum CPF um zehn Prozent. Die Investitionen in Erziehung und Bildung wurden, im Zuge einer strategischen Ausrichtung auf einen langfristigen wirtschaftlichen Aufschwung, erhöht.[198]

Singapur war unter allen „Tigerstaaten" die Nation, die am wenigsten von der Krise betroffen war und die erste, die sich von den Folgen erholte.

Grundsätzlich wurde während der Asienkrise wieder die Anfälligkeit des Stadtstaates für globale Wirtschaftsschwankungen, aber auch die Fähigkeit zur raschen Krisenbewältigung, deutlich. Eigene Fehler wurden erkannt und zügig beseitigt, wodurch der Weg für eine erfolgreiche Entwicklung im 21. Jahrhundert geebnet wurde.

---

[195] Vgl. Tan, Currency Crisis, S.84ff.
[196] Vgl. Lim, Linda, Free Market Fancies. Hong Kong, Singapore, and the Asian Financial Crisis; in: Pempel, T.J. (Hrsg.), The politics of the Asian Economic crisis, Ithaca / London 1999, S.101-115, hier S.108ff.
[197] Vgl. Tan, Currency Crisis, S.84ff.
[198] Vgl. Ebd. S.202ff.

4. Der Wachstums- und Entwicklungsprozess Südkoreas

4.1. Der geographische und historische Hintergrund

Zur Einführung in die soziale und wirtschaftliche Entwicklung Südkoreas erscheint es sinnvoll, die geographischen Rahmenbedingungen und die historischen Hintergründe zu beleuchten.

Die Republik Korea umfasst den südlichen Teil der koreanischen Halbinsel und mehrere dem Staatsgebiet vorgelagerte Inseln, von denen Jeju Do die größte ist. Der 38. Breitengrad ist die Grenze zwischen Süd- und Nordkorea. Die Gebietsfläche umfasst 99.392 km², die wichtigsten Städte sind, neben der Hauptstadt Seoul, Pusan, Kwangju und Daegu. Klimatisch herrschen, ähnlich wie in Kontinentaleuropa, vier ausgeprägte Jahreszeiten vor. Südkorea hat 48,4 Millionen Einwohner (Stand: April 2006) und ist ethnisch äußerst homogen. Die Landessprache ist koreanisch. Konfessionell ist Korea geteilt, wobei sich die eine Hälfte der Bevölkerung zum Buddhismus, die andere zum, vornehmlich protestantischen, Christentum, bekennt. Das Bruttoinlandsprodukt lag im Jahr 2005 bei 786 Milliarden Euro, woraus ein Bruttoinlandsprodukt pro Kopf von 16.500 Euro folgt. Nationale Währung ist der südkoreanische Won. Das Staatsoberhaupt der Republik mit Präsidialverfassung ist der Präsident Roh Moo-hyun.[199]

Korea blickt auf eine mehr als 2000 jährige Geschichte zurück. Im Jahr 660 gelang es dem Fürstentum Silla, mehrere regionale Fürstentümer auf der koreanischen Halbinsel zu vereinigen.[200] Nach dem Niedergang der mongolischen Herrschaft, die die regionalen Fürstentümer seit 1231 unterworfen hatten, eroberte im letzten Jahrzehnt des 14. Jahrhunderts der Feldherr Yi Songgye das Land. Er begründete die Yi-Dynastie, die bis zu Anfang des 20. Jahrhunderts bestand. Unterbrochen wurde die Herrschaft durch eine Invasion Japans im Jahre 1592, die mit Hilfe Chinas zurückgeschlagen

---

[199] Vgl. www.auswaertiges-amt.de/diplo/de/lLaender/KoreaRepublik.html (abgerufen am 05. August 2006).
[200] Vgl. Krieger, Asien, S.195.

wurde.[201] Diesen Umstand nutzten die Chinesen, um ihren traditionell großen Einfluss auf die Politik, Wirtschaft und die Kultur Koreas auszudehnen.

Der Aufbau der koreanischen Gesellschaft war durch eine rigide gesellschaftliche Hierarchie gekennzeichnet. Die wirtschaftliche und politische Führung stellte eine kleine Adelsschicht – die Yangban. Deren Einfluss resultierte aus ihrem Landbesitz.

Quelle: www.pickatrail.com/jupiter/map/south_korea.gif (abgerufen am 15. Juli 2006).

Abb.12 : Geographische Landkarte Südkorea

Lange stand Korea unter chinesischem Einfluss und war damit ein für den Westen verschlossenes Land. Der Außenhandel war ein Monopol der königlichen Familie und beschränkte sich vornehmlich auf China. Das Handelsvolumen war gering.[202]

Gezwungenermaßen öffnete sich Korea ab Mitte des 19. Jahrhunderts langsam Richtung Westen. Dem Vertrag von Kanghwa, der ab 1876 die koreanischen Märkte für japanische Produkte öffnete, folgten schließlich mehrere europäische Handelsverträge.[203]

---

[201] Vgl. Krieger, Asien, S.205f.
[202] Vgl. Mason, Modernization, S.63ff.
[203] Vgl. Krieger, Asien, S.212f.

4.2.   Die japanische Kolonialzeit (1895 bis 1945)

Durch seine enge Verbindung zu China wurde Korea Schauplatz des Chinesisch-Japanischen Krieges. Nach dessen Beendigung erlangte das Land
1895, durch den Vertrag von Shimonoseki, pro Forma die Souveränität.[204]
Das unabhängige Korea geriet allerdings zunehmend unter japanischen Einfluss, da es militärisch und wirtschaftlich auf den modernisierten Nachbarn
angewiesen war.[205] Im Jahr 1910 wurde Korea schließlich offiziell durch
Japan annektiert. Während der 35 jährigen Kolonialzeit kam es zu einem
grundlegenden Wandel Koreas. Während die japanische Besatzungszeit mit
ihren Gräueltaten und der zwangsweisen Japanisierung des Landes den
Koreanern häufig als ein dunkles Kapitel ihrer Geschichte galt, ist die ökonomische Bilanz dennoch erfreulich. Die japanischen Besatzer bauten das
Wirtschaftssystem des bis dato agrarisch-feudalen Koreas um und legten die
Basis für die Industrialisierung des Landes.[206] Eine Reform des Rechtssystems hob staatliche Beschränkungen der Berufs-, Niederlassungs-, und
Reisefreiheit auf. Dies ermöglichte einerseits den sozialen Aufstieg von Händ-
lern, Handwerkern und Industriellen. Andererseits musste der Yangban-Adel
eine Entmachtung hinnehmen. Durch eine Landreform wurde die Nobilität zusätzlich gezwungen, ihren Landbesitz zu niedrigen Preisen an halbstaatliche
japanische Landgesellschaften zu veräußern.[207] Aufgrund der Privatisierung
verlor die ehemalige Elite ihre wirtschaftliche Grundlage. Gleichzeitig ver-
säumte die japanische Kolonialpolitik es allerdings, eine eigenständige koreanische Führungsschicht aufzubauen. Bürklin folgert in diesem Zusammenhang: *„Die Zerschlagung der traditionellen Elitenstruktur und die Verhinderung*
der Entstehung neuer Machtzentren in der koreanischen Gesellschaft ist eine
der wesentlichen Erfolgsvoraussetzungen für die politische Durchsetzungs-
fähigkeit der ordnungspolitischen Reformen in Korea. Das gilt nicht nur für die
japanische Kolonialregierung, sondern auch für die späteren koreanischen
Regierungen." [208]

---

[204] Vgl. Krieger, Asien, S.213.
[205] Vgl. Kindermann, Ostasien, S.67ff.
[206] Vgl. Mason, Modernization, S.75.
[207] Vgl. Bürklin, Tiger, S.155ff.
[208] Bürklin, Tiger, S.160.

Generell lässt sich die Wirtschaftspolitik der Kolonialmacht im Zeitraum von 1895 bis 1945 in zwei Phasen unterteilen.

Von 1895 bis 1920 lag der Fokus der japanischen Kolonialmacht auf der Erweiterung der japanischen Absatzmärkte, der Ausbeutung koreanischer Erzvorkommen sowie dem Ausbau der Reisproduktion. Letzteres wurde durch die Privatisierung des Landes begünstigt.

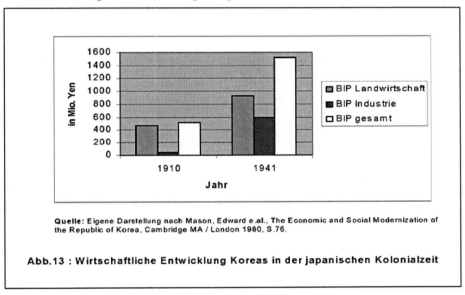

Quelle: Eigene Darstellung nach Mason, Edward e.al., The Economic and Social Modernization of the Republic of Korea, Cambridge MA / London 1980, S.76.

Abb.13 : Wirtschaftliche Entwicklung Koreas in der japanischen Kolonialzeit

Durch die Schaffung eines ökonomischen Anreizsystems wurden die Grundlagen für den Einsatz neuer Saaten, verbesserter Bewässerungssysteme und vermehrtem Einsatz von Kunstdünger geschaffen. Außerdem erhielten japanische Unternehmen großzügige Subventionen und Steuerermäßigungen, die die Ausweitung des Produktionsvolumens des Reisanbaus begünstigten. Insbesondere die Versorgung der stark wachsenden Bevölkerung im japanischen Mutterland war von besonderem Interesse. Insgesamt konnten die landwirtschaftlichen Erträge während der japanischen Kolonialzeit verdoppelt werden. (vgl. Abbildung 13).

Vor dem Hintergrund der japanischen Expansionspläne in Asien verlagerte sich, aufgrund sicherheitspolitischer Faktoren, der wirtschaftliche Schwerpunkt ab dem Jahr 1920 zu Gunsten der Industrie. Korea war, analog zu Taiwan, als strategischer Brückenkopf für eine Invasion Chinas vorgesehen.

Wie später Hongkong und Singapur war auch Korea ein Teil des analog zum Common Wealth errichteten „Größeren Japanischen Wohlstandsraumes".[209] Dadurch begünstigt, kam es zu einem industriellen Ausbau (vgl. Abbildung 13). Im energietechnisch besser erschlossenen Norden wurde die Schwer- und chemische Industrie angesiedelt, während im Süden die Textil- und Lebensmittelindustrie dominierte. Die Anzahl der Industriearbeiter stieg von 12.000 im Jahre 1912 auf 300.000 im Jahr 1940 an.[210]

Zusätzlich fand landesweit ein Ausbau der Transportinfrastruktur statt. Diese Wendung schlug sich in einem raschen Wirtschaftsaufbau nieder, der mit Ausbruch des Chinesisch-Japanischen Krieges 1937 noch verstärkt wurde.[211]

Zusammenfassend lässt sich feststellen, dass die japanische Kolonialmacht Korea rücksichtslos modernisierte und aus ordnungspolitischer Sichtweise die grundlegenden wirtschaftlichen Rahmenbedingungen schuf. Somit legte sie den Grundstein für den wirtschaftlichen Aufstieg Koreas in der zweiten Hälfte des 20. Jahrhunderts.

4.3.   Die Auswirkungen und Folgen des 2. Weltkrieges (1945 bis 1953)

Die Zukunft Koreas wurde im 2. Weltkrieg zwischen Roosevelt, Chiang Kai-shek und Churchill auf der Konferenz von Kairo im Jahr 1943 erörtert. Der amerikanische Präsident setzte seinen Entschluss durch, wonach Korea einer etwa 40 jährigen Treuhandschaftregierung bedurfte. Zuvor war Korea schon im August 1945 in zwei provisorische Einflusszonen entlang des 38. Breitengrad aufgeteilt worden. Diese Demarkationslinie wurde Basis für einen Entschluss der Drei-Mächte-Konferenz in Moskau im Dezember 1945.[212] Die USA, Großbritannien und die Sowjetunion gaben in einer Abschlusserklärung eine bis zu fünf Jahre andauernde alliierte Treuhandschaft bekannt. Damit sollte dem Land die Möglichkeit gegeben werden, unter dem „Schutz" der

---

[209] Vgl. Bürklin, Tiger, S.158.
[210] Vgl. Mason, Modernization, S.78.
[211] Vgl. Bürklin., Tiger, S.155f.
[212] Vgl. Office of the U.S. High Commissioner for Germany (Hrsg.), Die Politik der Vereinigten Staaten in der Koreakrise. Einführung zum amerikanischen Weissbuch und Präsident Trumans Rundfunkansprache, Bad Godesberg 1950, S.4.

Großmächte, ein eigenständiges demokratisches System aufzubauen. Die Kooperationspartner entfremdeten sich allerdings durch die Entstehung einer bipolaren Weltordnung vor dem Hintergrund des Kalten Krieges. Dabei zielte die amerikanische Politik anfangs gar nicht auf eine Konfrontation mit den Kommunisten ab. Die USA, die das Land als strategisch unbedeutend einschätzten, engagierten sich anfänglich für eine Internationalisierung der Koreafrage, unter Einbeziehung der Vereinten Nationen. Mit der Trumandoktrin, die die Eindämmung des sowjetischen Hegemonialanspruches verfolgte, kam es dann zu einer außenpolitischen Wende. Damit war die gemeinsame treuhänderische Verwaltung der koreanischen Halbinsel endgültig hinfällig. Ein Boykott der Wahlen für die Nationalversammlung durch die Kommunisten war Auslöser dafür, dass am 10. Mai 1948 nur im Süden gewählt wurde. Als Vorsitzender der neu gewählten Nationalversammlung wurde Syngmann Rhee, nach Verabschiedung einer demokratisch-republikanischen Verfassung am 20. Juni 1948, zum ersten Staatspräsidenten der Republik Korea ernannt.[213]

In der nördlichen Zone entstand im Gegenzug am 09. September 1948 die unter kommunistischer Hoheit stehende Demokratische Volksrepublik Korea unter Führung von Kim Il Sung.[214] Damit schien eine Spaltung des Landes besiegelt und es kam zu einem Abzug der sowjetischen und amerikanischen Truppen im Juni 1949 aus den jeweiligen Einflusszonen.

Durch die Teilung und die bereits erwähnten Disparitäten der Wirtschaftsstruktur zwischen dem Norden und Süden der Halbinsel, wurde ein rascher Wiederaufbau der Wirtschaft allerdings erheblich verzögert.

Durch die Invasion nordkoreanischer Truppen am 25. Juni 1950 brach Krieg zwischen den beiden Hälften des Landes aus. In Folge dessen kam das Wirtschaftswachstum völlig zum Erliegen.[215] Der Sicherheitsrat der Vereinten Nationen verabschiedete bereits am Tag des nordkoreanischen Angriffs,

---

[213] Vgl. Kindermann, Ostasien, S.338f.
[214] Vgl. Nitzsche, Frank, Nordkorea; in: Neu, Michael / Gieler, Wolfgang / Bellers, Jürgen (Hrsg.), Handbuch der Außenwirtschaftspolitik. Staaten und Organisationen, Band 1, Münster 2004, S.511-517 hier S.511.
[215] Vgl. Kindermann, Ostasien, S.343ff.

unter Abwesenheit der Sowjetunion, eine Resolution, in der ein Rückzug der nordkoreanischen Truppen hinter den 38. Breitengrad gefordert wurde.[216]

Der Beschluss bildete die Grundlage für die Erwägungen eines Kriegseintrittes der USA. Die anfänglich unterschätzte strategische Bedeutung Koreas für die amerikanische geostrategische Sicherheitsarchitektur wurde nach der nordkoreanischen Offensive bald klar. Die unmittelbare Bedrohung Japans, dem wichtigsten Partner der Amerikaner im asiatisch-pazifischen Raum sowie die Glaubwürdigkeit der Containment Politik, führten zum raschen Eingreifen der USA in den Krieg am 27. Juni 1950.[217] Dies geschah vor dem Hintergrund eines zunehmend expansiven sowjetisch-chinesischen Kommunismus. Der damalige Präsident der USA Truman formulierte in seinen Memoiren: *„Wenn wir den Untergang Südkoreas zuließen, dann würde das, davon war ich überzeugt, die kommunistischen Führer ermutigen, unseren Küsten viel näher gelegene Länder zu überrennen. Wenn wir den Kommunisten erlauben, sich ohne Gegenwehr der freien Welt Südkoreas zu bemächtigen, dann würde kein kleines Land in Zukunft den Mut aufbringen, sich gegen Drohungen und Angriffe stärkerer kommunistischer Nachbarn zur Wehr zu setzen."* [218]

Bereits sechs Wochen nach Beginn der nordkoreanischen Offensive kontrollierte der Angreifer 90 Prozent der Gebiete Südkoreas. Nur die Hafenstadt Pusan an der Südostküste Koreas konnte durch Truppenverbände einer Koalition aus Südkoreanern, Vereinten Nationen und den USA gehalten werden.[219] Erst nach einer erfolgreichen Gegenoffensive unter General Mac Arthur wurde der Süden zurückerobert und auch große Teile des Nordens konnten besetzt werden. Schließlich griffen chinesische Verbände im November 1950 in den Krieg ein und es entwickelte sich ein Stellungskrieg entlang des 38. Breitengrades.[220]

---

[216] Vgl. Office of the U.S. High Commissioner for Germany (Hrsg.), Die Politik der Vereinigten Staaten in der Koreakrise. Einführung zum amerikanischen Weissbuch und Präsident Trumans Rundfunkansprache, Bad Godesberg 1950, S.11ff.

[217] Vgl. Opitz, Peter, Von „fliegenden Wildgänsen" und „kleinen Tigern" – Die Wachstums- und Entwicklungsprozesse in der asiatisch-pazifischen Region in historischer Perspektive; in: Opitz, Peter (Hrsg.), Auf den Spuren der Tiger, München 1997, S.11-50, hier S.16f.

[218] Truman, Harry S., Memoiren. Jahre der Bewährung und des Hoffens.1946-1953. Band 2, Stuttgart 1956, S.375.

[219] Vgl. Kindermann, Ostasien, S.344.

[220] Vgl. Kindermann, Ostasien, S.348ff.

Nach zähen Verhandlungen wurde am 27. Juni 1953 der Waffenstillstand von Panmunjong unterzeichnet, der die Halbinsel in zwei getrennte Staaten entlang des 38. Breitengrades teilte.[221] Die Staaten sind hierbei durch eine vier Kilometer breite entmilitarisierte Zone getrennt.[222]

Korea, welches durch den Krieg wirtschaftlich völlig brach lag, wurde an diesem Tag endgültig zu einer geteilten Nation. Durch seine für die West- sowie Ostmächte strategisch wichtige Bedeutung wurde es zu einem Brennpunkt des „Kalten Krieges". Folge der Auseinandersetzung war jedoch, dass politisch wie wirtschaftlich nach dem Ende des Koreakrieges für das Land die Stunde Null schlug.

4.4. Der Aufbruch zur Industrialisierung in der Republik Korea (1953 bis 1961)

Nach dem Ende des Krieges war das Land weitgehend zerstört. Die Hauptstadt Seoul, die im Krieg mehrmals die Besatzungstruppen wechselte, lag in Trümmern.[223] Die ersten Jahre der unabhängigen Republik Korea (im Folgenden: Südkorea) standen deshalb im Zeichen des Wiederaufbaus. Eine wichtige Rolle spielten in diesem Zusammenhang finanzielle Hilfen der USA. Ihr Ziel war es, Südkorea in ein strategisches Sicherheitssystem zu integrieren und zu einem Bollwerk gegen den sozialistischen Block auszubauen. Die Höhe der finanziellen und militärischen Hilfe betrug im Zeitraum von 1946 bis 1976 12,6 Milliarden US-Dollar. Nach Israel wurde Korea damit zum größten Empfänger amerikanischer Finanzhilfen in der Geschichte.[224] Mit diesen Zahlungen finanzierten die USA zwischen 1953 bis 1961 einen großen Anteil der Investitions- und Verteidigungsausgaben sowie einfache Konsumgüter. Der Schwerpunkt der Wirtschaftspolitik lag auf der Ansiedlung

---

[221] Vgl. Ebd., S.357f.
[222] Vgl. Messner, Dirk, Republik Korea; in: Nohlen, Dieter / Nuschler, Franz (Hrsg.), Handbuch der Dritten Welt. Ostasien und Ozeanien. Band 8, 3. völlig neu bearbeitete Auflage, Bonn 1994 (im Folgenden zitiert als: Messner, Republik), S.168-211, hier S.168.
[223] Vgl. Ess, Hans van, Der Wandel der Republik Korea vom Entwicklungsland zum Industriestaat – Ein Modell?; in: Opitz, Peter (Hrsg.), Auf den Spuren der Tiger, München 1997 (im Folgenden zitiert als: Ess, Korea), S.103-168, hier S.103.
[224] Vgl. Mason, Modernization, S.165ff.

von Veredlungsindustrien für die Hilfsgüter. Durch den offiziellen Schutz der so genannten Sambaek-Industrien, die Mühlen, Zucker- und Textilindustrie umfassten, wurde die Basis für eine Leichtindustrie geschaffen.[225] Geschützt wurde auch der Aufbau einer Grundstoffindustrie, vor allem Flachglas und Zement.[226] Mithilfe dieser Politik verfolgte die südkoreanische Regierung das Ziel, Unternehmen der Fertigungsindustrie einen Anreiz zum Wiederaufbau des Landes zu geben. Die staatliche Protektion der Industrieunternehmen geschah durch Zölle, Steuernachlässe, Kreditvergünstigungen und Importbeschränkungen.

In der Phase der ersten Republik, im Zeitraum von 1953-1961 unter Syngmann Rhee, lagen die Wurzeln der Kapitalbildung der meisten großen koreanischen Industriekonglomerate – die Chaebol. Wichtige Merkmale der familiengeführten, weit diversifizierten Unternehmen sind eine zentrale hierarchische Organisationsstruktur, die enge Verbindung zur Regierung und die Abhängigkeit vom Fremdkapital.[227] Bedingt durch den staatlichen Schutz, Gewinne aus Devisen- und Importlizenzierung sowie durch Verkäufe früherer japanischer Großunternehmen unter Marktwert, kam es zu einer wirtschaftlichen Konzentration und Konsolidierung in der Wirtschaft Koreas.[228] Die Chaebol wurden in Folge dieser Entwicklung die Träger des Wachstums- und Entwicklungsprozesses von Südkorea. Samsung, Hyundai und Daewoo sind die bekanntesten und nehmen in ihren Branchen weltweit führende Positionen ein.[229]

Das durchschnittliche Wachstum im Zeitraum von 1953-1961, den Jahren der Präsidentschaft Rhee, betrug im Durchschnitt nur 4 Prozent. Dies ist vor dem Hintergrund der niedrigen absoluten Ausgangsbasis ein relativ geringer Wert. Hinderlich wirkten sich in diesem Zeitraum die hohen importierten zweistelligen, teils sogar dreistelligen, Inflationsraten aus.[230]

---

[225] Vgl. Bürklin, Tiger, S.165.
[226] Vgl. Ess, Korea, S.108.
[227] Vgl. Kang, Myung-hon, The Korean Business Conglomerate. Chaebol Then and Now (=Korea research monograph, 21), Berkley 1996, S.10ff.
[228] Vgl. Ebd., S.25.
[229] Vgl. Shiva Ramu, Shivanna, The Dragons of Asia. Asia-Pacific Rim Countries and Their Multinationals, New Delhi u.a. 1995, S.199.
[230] Vgl. Mason, Modernization, S.94.

Zusammenfassend lässt sich feststellen, dass die USA einen bedeutenden Anteil am Wiederaufbau und der Kontrolle des Landes trägt. Des Weiteren wurde in dieser Phase mit mäßigem Erfolg eine Politik der Importsubstitution verfolgt. Sie bildete die Grundlage für die Kapitalbildung der Chaebol und der Leichtindustrie, die die koreanische Wirtschaft in den Folgejahren dominierten. Das Wirtschaftswachstum ist in der Zeit von 1953-1961 eher mäßig, weil der Rhee Regierung die Durchsetzungskraft zur Einleitung ordnungspolitischer Reformen und zur Inflationsbekämpfung fehlte.

4.5. Der Wirtschaftsaufschwung unter der Militärregierung Park (1961 bis 1980)

4.5.1. Die Implementierung einer Entwicklungsstrategie

a) *Staatliche Wirtschaftsplanung*

In den 60er Jahren wurde in Südkorea die Ära eines rapiden Wirtschaftswachstums eingeleitet. Die Entwicklung kam überraschend, da Südkorea zu Beginn dieses Jahrzehnts eine innenpolitische Krise durchlebte. Nach versuchter Wahlmanipulation trat der 85 jährige Präsident Rhee, belastet durch mehrere Korruptionsskandale und seinem autoritären Führungsstil, nach landesweiten Studentenunruhen im April 1960 zurück.[231] Sein Nachfolger wurde der führungsschwache Chang Myon, ein liberaler katholischer Intellektueller. Seine Reformen bekamen die andauernden Studentenrevolten für mehr Demokratie allerdings nicht in den Griff. Auf den wirtschaftlichen Wachstums- und Entwicklungsprozess wirkte sich vor allem eine hohe zweistellige Inflationsrate negativ aus.[232]

Die wirtschaftliche und politische Krise veranlasste Geheimdienst und Militär zu einem Putsch im Mai 1961.[233] Ihr Anführer, der sich bei den inneren Machtkämpfen durchgesetzt hatte, wurde General Park Chung Hee.[234] Seine Wirtschaftspolitik legte den Grundstein für die rasche wirtschaftliche Entwicklung Südkoreas. Auch wenn er nachträglich die demokratische Legitimation

---

[231] Vgl. N.N., Südkorea. Straßenkämpfe; in: Der Spiegel, 18/1960, S.50f., hier S.50f.
[232] Vgl. Kindermann, Ostasien, S.574f.
[233] Vgl. N.N., Südkorea. Generalputsch; in: Der Spiegel, 23/1961, S.56, hier S.56.
[234] Vgl. N.N., Südkorea. Militärs; in: Der Spiegel, 29/1961, S.38f., hier S.38f.

suchte, so trägt die Zeit bis zu seiner Ermordung 1979 starke Züge einer „Entwicklungsdiktatur".[235] Damit sicherte er allerdings auch die für eine marktwirtschaftliche Entwicklung notwendige ordnungspolitische Stabilität.

Die Priorität der Regierung Park war die Förderung der Industrialisierung. Als Vorbild galten die japanischen Meiji-Reformen, durch die der Erfolg für die Industrialisierung Japans gelegt wurde.[236] In einer vom militärischen Denken geprägten „Reform von oben" sollte die wirtschaftliche und politische Erneuerung Koreas erfolgen. Nach diesem Verständnis galt: *„Die Bürokratie stellte die Autorität, die Unternehmen die Ausführenden".*[237]

Hierzu wurden ab dem Jahr 1962 mehrere Fünfjahrespläne aufgestellt, in denen die wirtschaftlichen Rahmenbedingungen sowie Schlüsselindustrien für eine exportorientierte Industrialisierung festgelegt wurden.[238] (vgl. Kapitel 4.5.2)

Für die Ausarbeitung derselbigen wurden die Weltbank sowie zahlreiche ausländische Berater, insbesondere aus den USA und der BRD, einbezogen. Mit der Schaffung eines Wirtschaftsplanungsamtes als zentrale Planungsbehörde wurden die institutionellen Rahmenbedingungen geschaffen.

---

[235] Vgl. N.N., Südkorea. Das Ende des Diktators Park; in: Der Spiegel, 44/1979, S.134, hier S.134.

[236] Vgl. Kanamori, Hisao, Japanische Wirtschaft. Grundlagen, 13. Auflage (1. deutschsprachige), München u.a. 1997, S.2ff.

[237] Ess, Korea, S.109.

[238] Vgl. Chang, Min-Soo, Exportförderung und Handelsintensivierung als Industrialisierungs- und Entwicklungspolitik eines Schwellenlandes dargestellt am Beispiel der Republik Korea. (=Studien zur Entwicklungsökonomie, 8), Hamburg / Münster 1994 (im Folgenden zitiert als: Chang, Exportförderung), S.86f.

b)   *Exportorientierung*

Mit der exportorientierten Politik verfolgte die Regierung Parks, insbesondere im Ersten und Zweiten Fünfjahresplan, das Ziel, ausländisches Kapital und Produktionstechnologien anzuziehen. Dazu sollten weltweit neue Absatzmärkte für geplante Produktionserweiterungen gewonnen werden. Zur Implementierung der neuen Politik wurden verschieden Instrumente der staatlichen Exportförderung eingesetzt.[239] Zur Institutionalisierung der Außenhandelsförderung wurde im Jahr 1962 die Korea Trade Promotion Corporation (KOTRA) gegründet. Sie sollte den Informationsstand südkoreanischer Exportunternehmen verbessern. Außerdem machte sie südkoreanische Waren im Ausland bekannt und sammelte Informationen über internationale Absatzmärkte.[240]

Den innenpolitisch am heftigsten umstrittenen Aspekt der Entwicklungsstrategie der Regierung Park stellte die südkoreanisch-japanische Annäherung zwischen 1964-1966 dar. Dies geschah mit dem Ziel, Kredite und Direktinvestitionen für die Wirtschaftsentwicklung zu erhalten.[241] Unter größten Schwierigkeiten kam am 22. Juli 1965 ein Vertrag zustande, der grundlegende wirtschaftliche und politische Probleme zwischen den beiden Nachbarstaaten regelte. Die Annäherung beeinflusste den Wachstums- und Entwicklungsprozess entscheidend. Kindermann stellt hierzu fest:

„Die wirtschaftliche Bedeutung dieses Normalisierungsvertrages wird zum Beispiel auch daran erkennbar, dass sich in dem Jahrzehnt ab Unterzeichnung und Ratifizierung des Vertragswerkes Südkoreas Exporte nach Japan wertmäßig von 44 Millionen US-Dollar auf 1,095 Milliarden und Südkoreas Importe aus Japan von 166,6 Millionen Dollar auf 2,204 Milliarden US-Dollar steigerten." [242]

c)   *Repression der Gewerkschaften*

---

[239] Vgl. Bürklin, Tiger, S.183ff.
[240] Vgl. Sharma, Shalendra, The Asian Financial crisis. Crisis, reform and recovery, New York 2003 (Im Folgenden zitiert als: Sharma, Crisis), S.190.
[241] Vgl. Frank, Rüdiger; Südkorea; in: Neu, Michael / Gieler, Wolfgang / Bellers, Jürgen (Hrsg.), Handbuch der Außenwirtschaftspolitik. Staaten und Organisationen. Band 1, Münster 2004, S.554-558, hier S.554.
[242] Kindermann, Ostasien, S.576.

Die Arbeits- und Gewerkschaftsrechte wurden schon zu Beginn der Ära Parks an die autoritären politischen Strukturen angepasst.[243] Schon bereits kurz nach dem Militärputsch wurde das bisher liberale Arbeits- und Tarifrecht mit dem Ziel einer raschen Industrialisierung novelliert. Hiermit schaltete die Regierung die Gewerkschaften bei der Tarifgestaltung aus und unterstellte sie einer staatlichen Kontrolle. In Folge dessen „...*wurde die Gründung von Gewerkschaften von der Zustimmung der Regierung abhängig gemacht. Die Einrichtung konkurrierender Gewerkschaften innerhalb eines Betriebes wurde verboten, um das Organisationsmonopol der regierungsorientierten Gewerkschaften festzuschreiben.*"[244]

Zu Beginn der 70er Jahre verschlechterte sich die Lage der Gewerkschaften nochmals. Durch einen groß angelegten Wahlbetrug gewann Park die Wahlen zur Präsidentschaft und zur Nationalversammlung im Frühjahr 1971. Auf den zunehmenden Machtgewinn der Demokratiebewegung reagierte Park mit der Ausrufung des Notstandes im Dezember 1971. Damit sollten auch die trotz restriktiver Gesetzgebung aufstrebenden Gewerkschaften weiter reguliert werden.[245] Fortdauernde Proteste wurde durch die Verhängung des Kriegsrechts am 17. Oktober 1972 und der Abschaffung der gesetzgebenden Nationalversammlung Einhalt geboten.[246] Nach Erlass einer „Erneuerungsverfassung", der so genannten Yushin-Ordnung, war die Alleinherrschaft Parks gesichert.[247] Neben der Zerschlagung der politischen demokratischen Opposition kam es zu einer Revision des Arbeits- und Gewerkschaftsrechts. Damit wurde die politische Kontrolle der Industriearbeiterschaft verfolgt. Durch ein nationales Sicherheitsgesetz wurden organisierte Gewerkschaftsaktivitäten verboten. Dies führte zu verschiedenen wirtschaftlichen Implikationen. Zum einem wirkte das Gesetz äußerst konfliktregulierend. So wurden zwischen 1972 bis zum Jahre 1987, dem Jahr des demokratischen Übergangs,

---

[243] Vgl. Ess, Korea, S.110.
[244] Bürklin, Tiger, S.199f.
[245] Vgl. Ebd., Tiger, S.196.
[246] Vgl. N.N., Kriegsrecht über Korea; in: Frankfurter Allgemeine Zeitung, 242/1972, S.1, hier S.1.
[247] Vgl. Bürklin, Tiger, S.197f. Zentrales Element der so genannten „Yushin-Verfassung" war die Schaffung einer Verfassungsinstitution – der „Nationalkonferenz für die Wiedervereinigung". Ihr oblag die Wahl des Präsidenten, der somit von Wahlen und der Nationalversammlung unabhängig wurde. Politische Gegner waren in dieser nicht zugelassen.

nur sehr wenige Arbeitskämpfe registriert. Das niedrige Niveau wurde nur nach der Ermordung von Park im Jahr 1979 überschritten, in dessen Folge es zu Unruhen kam.[248].

Zum anderen kam es, neben der Verminderung von Arbeitskämpfen, zu einer Steuerung der Arbeitskosten durch die Administration, indem die Gewerkschaften stattlich kontrolliert wurden. Bedingt durch die amtliche Steuerung blieb das staatlich geplante Lohnniveau meist unter dem Produktivitätszuwachs. Die sich daraus ergebenden Gewinne ermöglichten den Unternehmen eine hohe Investitionsquote von durchschnittlich ungefähr 30 Prozent des Gewinns.[249]

Zusammenfassend lässt sich feststellen dass durch die Implementierung einer staatlichen Entwicklungsstrategie die Voraussetzungen für einen industriellen Aufstieg Südkoreas geschaffen wurden.

4.5.2. Der industrielle Aufstieg

a) *Förderung der Leichtindustrie (1962 bis 1971)*

Nach der Einführung einer Entwicklungsstrategie wird nun der Entwicklungspfad anhand der Fünfjahrespläne Südkoreas von 1962 bis 1978 näher untersucht.

Der Schwerpunkt des ersten Entwicklungsplans, der von 1962 bis 1966 Gültigkeit besaß, lag auf dem Export. Als protektionierte Leitsektoren, die durch scharfe Importrestriktionen geschützt waren, identifizierte die südkoreanische Regierung die gut exportfähigen Artikel Bekleidung und Schuhe.[250] So sollte eine internationale Wettbewerbsfähigkeit und die Grundlage für den Aufbau einer exportorientierten Wirtschaft geschaffen werden.[251] Dabei

---

[248] Vgl. Bürklin, S.199ff.
[249] Vgl. Messner, Republik, S.192f.
[250] Vgl. Seung, Jung-Hun, Die sektorale Wirtschaftsstruktur Südkoreas. Bisherige Entwicklung und zukünftige Perspektiven (Volkswirtschaftliche Schriftenreihe, 24), Diss., Münster 1996 (im Folgenden zitiert als: Seung, Sektorale Wirtschaftsstruktur), S.132ff.
[251] Vgl. Pohl, Manfred, Entwicklungsstrategien, wirtschaftlich-technologischer Fortschritt und politische Implikationen. Das Beispiel Südkorea; in: Draguhn, Werner (Hrsg.), Asiens Schwellenländer. Dritte Weltwirtschaftsregion? Zur wirtschaftlichen Entwicklung der „Vier kleinen Tiger" sowie Thailands, Malaysias und Indonesiens (=Mitteilung des Instituts für Asienkunde, 195), Hamburg 1995, S.33-59, hier S.45.

strebte die Regierung ein Wachstum des Bruttoinlandsproduktes von durchschnittlich 7,1 Prozent im Jahr an.[252] Der Ausbau der Infrastruktur genoss hierbei höchste Priorität.

Pohl formuliert in diesem Kontext: *„Mit dem übergeordneten Ziel des Ausbaus von Exportindustrien zielte dieser Plan auf eine Verbesserung der Infrastruktur: Elektrizitätsversorgung (Ausbau der Kernenergie zu einem frühen Zeitpunkt), Verbesserung des Eisenbahnnetzes, Ausbau der Häfen und der Kommunikationssysteme."* [253]

Auf dem Finanzmarkt kam es zu einer drastischen Abwertung des Won gegenüber dem US-Dollar. Zusätzlich wurden, um den staatlichen Einfluss auszudehnen, die Geschäftsbanken verstaatlicht.[254] In Folge dessen betrug die durchschnittliche Wachstumsrate des Bruttoinlandsproduktes in diesem Zeitraum 7,8 Prozent und übertraf damit die Wachstumsvorgabe der Regierung (vgl. Abbildung 14). Der Gesamtwert der koreanischen Exporte stieg von 54,8 Millionen US-Dollar auf 250,3 Millionen US-Dollar.[255]

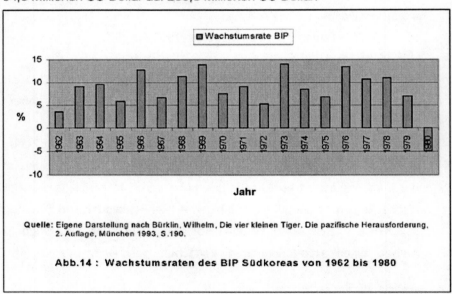

Quelle: Eigene Darstellung nach Bürklin, Wilhelm, Die vier kleinen Tiger. Die pazifische Herausforderung, 2. Auflage, München 1993, S.190.

Abb.14 : Wachstumsraten des BIP Südkoreas von 1962 bis 1980

---

[252] Vgl. Park, Chung Hee, Das Werden einer Nation, Salzburg 1971, S.95.
[253] Pohl, Manfred, Entwicklungsstrategien, wirtschaftlich-technologischer Fortschritt und politische Implikationen. Das Beispiel Südkorea; in: Draguhn, Werner (Hrsg.), Asiens Schwellenländer. Dritte Weltwirtschaftsregion? Zur wirtschaftlichen Entwicklung der „Vier kleinen Tiger" sowie Thailands, Malaysias und Indonesiens (=Mitteilung des Instituts für Asienkunde, 195), Hamburg 1995, S.33-59, hier S.45.
[254] Vgl. Ess, Korea, S.110.
[255] Vgl. Kindermann, Ostasien, S.579.

Das Ziel des zweiten Fünfjahresplanes, der von 1967 bis 1971 Gültigkeit besaß, war die Sicherstellung einer stabilen und preisgünstigen Versorgung mit
Nahrungsmitteln. Dadurch sollte, einem durch soziale Unruhen begünsti-
gender Dualismus zwischen Land und Stadt, vorgebeugt werden. Mit Hilfe
von Preissubventionen auf die Erzeugerpreise von Reis und Weizen wurde
eine Ausweitung des landwirtschaftlichen Produktionsvolumens verfolgt. Vor
dem Hintergrund einer Massenmobilisierung im Rahmen der Saemaul
Undong Kampagne (Neue-Dorf-Bewegung) versprach sich der Präsident Park
auch im zweiten und dritten Entwicklungsplan den Aufbau einer „bäuerlichen"
politischen Klientel für die Regierungspartei.[256] Auch wenn das politische Ziel
erreicht wurde, gelang es Südkorea nicht, seine wachsende Bevölkerung
selbstständig zu versorgen, so dass es auf Nahrungsmittelexporte angewiesen war.[257]

In der Industrie galten die Elektronik und Petrochemie als neue „Schutzsekto-
ren".[258] Nach der Verabschiedung eines Gesetzes im Jahre 1969 zur Förderung der Elektroindustrie vergrößerten sich das Produktionsvolumen und die
Exportquote dieses Industriezweiges stetig.[259] Die vormaligen protektionierten
Bereiche Schuhe und Textil hatten inzwischen ihre internationale Wettbewerbsfähigkeit gesteigert.[260] Hinzu kam ein groß angelegter Ausbau des
Straßennetzes.[261]

Südkorea profitierte in den Jahren des zweiten Wirtschaftsplanes stark vom
Vietnamkrieg. Fast eine Milliarde Euro flossen vornehmlich aus den USA in
Form von Krediten und Anleihen als Kompensation für die Entsendung von
20.000 Soldaten. Für die Kreditvergabe anderer westlicher Nationen war die
Erneuerung des amerikanischen Verteidigungsbeistands wesentlich.[262] Des
Weiteren löste der Vietnamkrieg einen weltweiten Nachfragesog aus, der zu
einem Wirtschaftsboom in Südkorea führte. Forciert wurde diese Entwicklung

---

[256] Vgl. Mason, Modernization, S.230ff.
[257] Vgl. Ebd. S.213.
[258] Vgl. Chang, Exportförderung, S.86.
[259] Vgl. Chang, Exportförderung, S.107f.
[260] Vgl. Seung, Sektorale Wirtschaftsstruktur, S.132ff.
[261] Vgl. Park, Chung Hee, Das Werden einer Nation, Salzburg 1971, S.108ff.
[262] Vgl. Bürklin, Tiger, S.188f.

noch durch ein verstärktes Engagement ausländischer Firmen, insbesondere wie oben erwähnt, von japanischen.

b)   Ausbau der Schwerindustrie (1971 bis 1981)

Der Schwerpunkt des dritten Fünfjahresplans, der von 1971 bis 1976 Gültigkeit besaß, veränderte den wirtschaftspolitischen Kurs. Die südkoreanische Regierung verlagerte den Schwerpunkt der Entwicklung entgegen der Empfehlung amerikanischer Ökonomen von der Leicht- zur Schwerindustrie.[263] Hierbei galt als Vorbild wieder Japan, das in den 20er Jahren auch nach vornehmlichem Ausbau der Leichtindustrie, den Aufbau einer Schwerindustrie forciert hatte. Es sollte durch die Verlagerung die Importabhängigkeit dieses Sektors verringert werden. Gleichzeitig verfolgte die Regierung mit dem Programm das Ziel, die Produktionstechnologien der Stahl-, Chemie-, Werft- und Automobilbranche an die Begebenheiten der Weltmärkte anzupassen. Der Ausbau der Schwerindustrie zum Exportsektor gelang erfolgreich. Von besonderer Bedeutung hierbei waren vergünstigte Kredite des staatlichen Bankensektors zum Aufbau dieses kapitalintensiven Sektors. Der Staat griff allerdings nicht nur durch Subventionen ein, sondern beteiligte sich auch direkt an der Unternehmensgründung, vor allem in der Eisen- und Stahlindustrie. Dabei wurden von Anfang an durch staatliche Technologiepolitik nur die modernsten Verfahrenstechniken eingesetzt.[264]

Nachteilig wirkte sich in diesem Zeitraum eine amerikanische Truppenreduzierung des Militärs aus. Die Versorgung der amerikanischen Streitkräfte war bis dato ein wichtiger Wirtschaftsfaktor des Landes. Auch die Einnahmen aus dem Vietnamkrieg gingen zurück.[265]

Die ersten zwei Jahre des vierten Fünfjahresplanes (1977-1981) standen in der Erfolgskette der vorangehenden Jahre. Die Politik der Schwerindustrialisierung wurde konsequent weiterverfolgt. Daneben wurde die Elektroindustrie, besonders die Unterhaltungselektronik, gefördert. Außerdem berücksich-

---

[263] Vgl. Ess, Korea, S.110.
[264] Vgl. Messner, Republik, S.182f.
[265] Vgl. Bürklin, Tiger, S.194ff.

tigten die Verantwortlichen auch zunehmend sozialpolitische Aspekte in der Wirtschaftsplanung. Die Maßnahmen umfassten die Verbesserung des Ausbildungssystem, des Wohnungsbaus sowie des Gesundheitswesens.[266] Die Planungen wurden 1979 hinfällig, als interne und externe Ereignisse das Land erschüttern und zu einer Wende der Wirtschaftspolitik führten.

Zusammenfassend kann gesagt werden, dass die Park-Ära (1961 bis 1979) eine Phase des Hochwachstums war. Dabei wurde die industrielle Struktur erweitert und das Land zunehmend international wettbewerbsfähig.

Diesen Erfolg erreichte die Park-Regierung durch eine forcierte Industriepolitik und eine hohe Exportorientierung. Gefördert wurde diese Politik durch eine geschickte, aber auch umstrittene Außenpolitik gegenüber Japan und den USA. Der Wachstums- und Entwicklungsprozess lässt sich bezüglich der Wirtschaftspolitik und der makroökonomischen Ausrichtung in zwei Phasen aufteilen, die mit den Fünfjahresplänen korrelieren. Nach der Förderung der Leichtindustrie von 1962 bis 1971 wurde in einer zweiten Phase von 1972 bis 1979 die Schwerindustrie gefördert.[267]

4.5.3.   Das Wendejahr 1979

Das Jahr 1979 stellt aus politischer und wirtschaftlicher Sicht einen Wendepunkt dar. Die politischen Verhältnisse wurden durch die Ermordung des langjährigen Präsidenten Park durch den Chef des mächtigen koreanischen Geheimdienstes KCIA stark verändert. Es kam zu einer innenpolitischen Krise. Nachfolger des ermordeten Architekten des „Wirtschaftswunder am Han-Fluß" wurde der bisherige Ministerpräsident Choi Kyu Ha.[268] Nach einigen demokratischen und liberalen Reformversuchen kam es im Mai 1980 nach Studentenprotesten zu bürgerkriegsähnlichen Zuständen. Der Schwer-

---

[266] Vgl. Pohl, Manfred, Entwicklungsstrategien, wirtschaftlich-technologischer Fortschritt und politische Implikationen. Das Beispiel Südkorea; in: Draguhn, Werner (Hrsg.), Asiens Schwellenländer. Dritte Weltwirtschaftsregion? Zur wirtschaftlichen Entwicklung der „Vier kleinen Tiger" sowie Thailands, Malaysias und Indonesiens (=Mitteilung des Instituts für Asienkunde, 195), Hamburg 1995, S.33-59, hier S.46.

[267] Vgl. Chang, Exportförderung, S.107f.

[268] Vgl. N.N., Südkorea. Das Ende des Diktators Park; in: Der Spiegel, 44/1979, S.134, hier S.134.

punkt dieser Auseinandersetzungen lag in Kwangju, der drittgrößten Stadt Koreas. Unter Führung des Geheimdienstchef Chun Doo-Hwan wurden die Demonstrationen blutig niedergeschlagen und in einer „Säuberungsaktion" die wichtigsten Oppositionspolitiker verhaftet.[269] In Folge dessen wurde der General durch ein während der Yushin Verfassung geschaffenes Wahlmännergremium am 27. August 1980 zum Präsidenten gewählt.[270]

Die inneren Unruhen wirkten sich nachteilig auf den Wachstums- und Entwicklungsprozess aus. Schon im Jahr 1979 erreichte das Wachstum des Bruttoinlandsproduktes mit einer Wachstumsrate von 7 Prozent einen der niedrigsten Werte seit Jahren. Im Jahr 1980 kam es sogar erstmals zu einem negativen Wirtschaftswachstum. Die schwache ökonomische Performance ist jedoch nicht nur auf die innenpolitische Krise zurückzuführen. Nun wurden die Fehler des Staatseingriffes im dritten Fünfjahresplan im Rahmen des Ausbaus der Schwer- und Chemieindustrie deutlich. Der Staatseingriff wirkte sich insbesondere nachteilig auf die Wettbewerbsordnung aus. Das staatlich stark regulierte Banken- und Finanzwesen vergab Kredite vornehmlich nach politischen Faktoren. So war es für kleinere Unternehmen, vor allem aus der Leichtindustrie, schwierig, Kredite zu erhalten. In der Praxis existierte somit ein gespaltener Kreditmarkt. Die Nutznießer waren die Chaebol, die durch die strategischen Kredite ihre marktbeherrschende Stellung in der Schwerindustrie ausbauen konnten.[271] Hierbei kam es aber auch zu einer Fehlallokation von Ressourcen. Besonders der Schiffbau litt unter dieser Entwicklung.[272] Zur Finanzierung des zusätzlichen Finanzbedarfs der Schwerindustrialisierung wurde der Bedarf vermehrt über die internationalen Finanzmärkte gedeckt. Die ökonomische Abhängigkeit der koreanischen Wirtschaft vom Ausland verstärkte sich.[273]

Extern bewirkte eine Ölkrise im Zuge der Entwicklungen im Iran zusätzlich für eine Destabilisierung der Wirtschaft. Bedingt durch die abnehmenden südkoreanische Exporte und einer Erhöhung der Kosten von Ölimporten von 2,2

---

[269] Vgl. N.N., Südkorea. Das Militär übernimmt die Macht; in: Der Spiegel, 22/1980, S.124f, hier S.124f.

[270] Vgl. N.N. Tschon Doo Hwan ist neuer Präsident; in: Frankfurter Allgemeine Zeitung, 199/1980, S.5, hier S.5.

[271] Vgl. Seung, Sektorale Wirtschaftsstruktur, S.88ff.

[272] Vgl. Ebd., S.137.

[273] Vgl. Das, Dilip K., Das, Korean economic dynamism, Basingstoke u.a. 1992, S.164ff.

Milliarden US-Dollar im Jahr 1978 auf 5,6 Milliarden US-Dollar im Jahr 1980, entstand ein großes Zahlungsbilanzdefizit.[274]

4.6.   Der Weg zur liberalen Marktwirtschaft (1980 bis 1997)

Gegenüber seinem Vorgänger leitete Chun Doo-Hwan einen verhältnismäßig liberalen wirtschaftspolitischen Kurs ein, um die Auswirkungen des Staatsversagens beim Aufbau der Schwerindustrie zu begrenzen. Die Reformen umfassten einen sukzessiven Abbau von staatlichen Subventionen und von Importzöllen. Des Weiteren wurde die Privatisierung des Bankensektors vorangetrieben.[275] Mithilfe einer restriktiven Fiskalpolitik wurde die bis im Jahr 1983 im zweistelligen Bereich liegende Inflationsquote auf 3,4 Prozent gesenkt.[276] Der Schiffsbau wurde auf den internationalen Märkten wieder konkurrenzfähig.[277] Auch die Chemieindustrie entwickelte sich positiv. Durch eine an Akamatsu angelehnte Importsubstitutionspolitik wurde der Stahl- und Maschinenbau gefördert.[278] In der zweiten Hälfte der 80er Jahre entwickelten sich vor allem die Automobil- und die Elektroindustrie zur neuen Schlüsselindustrie. Mit einer Produktion von 1,5 Millionen Fahrzeugen entwickelte sich Korea zum neuntgrößten Fahrzeughersteller der Welt. Dabei betrug die Wachstumsrate dieses Industriezweiges zwischen 1981 bis 1992 jährlich über 25 Prozent. Auch in der Elektroindustrie gelang es in den 80er Jahren, eine leistungsfähige Produktion, vor allem bei der Herstellung von Mikrochips und in der Unterhaltungselektronik, aufzubauen. Als Ausweichstrategie gegenüber steigenden heimischen Lohnkosten und wachsendem Protektionismus kam es zum Aufbau von Montagestätten im Ausland.[279] Diese Reformen bildeten die Basis für einen Wirtschaftsaufschwung in den Jahren 1983 bis 1988.

Im politischen Bereich wiederholten sich im Vorfeld der Olympischen Spiele in Seoul, im Sommer 1988, Protestaktionen der demokratischen Opposition.

---

[274] Vgl. Ebd., S.31.
[275] Vgl. Messner, Republik, S.190f.
[276] Vgl. Ess, Korea, S.113.
[277] Vgl. Seung, Sektorale Wirtschaftsstruktur, S.137ff.
[278] Vgl. Ess, Korea, S.113.
[279] Vgl. Messner, Republik, S.185.

Diese wurden blutig niedergeschlagen.[280] Chun Doo-Hwan erklärte nach
Ausweitung der Proteste schließlich seinen Rücktritt. Nachfolger im blauen
Haus, dem traditionellen Sitz des Präsidenten von Korea, wurde der ehemalige General Roh Tae Woo.[281] Er führt ein parlamentarisches System ein. Als
Abgeordnete saßen auch die langjährigen Oppositionsführer Kim Young Sam
und Kim Dae-jung im Parlament.[282] Die Lockerung des Arbeits- und Gewerkschaftsrechtes im Zuge der Demokratisierung führte 1989 zu hohen Lohn-
abschlüssen, die einen Exporteinbruch und, aufgrund des zunehmenden
Wohlstands, verstärkt Importe zur Folge hatten (vgl. Abbildung 15). Außerdem
verstärkte das Ausland den Druck auf Südkorea, den Abbau von Handelshemmnissen voranzutreiben.

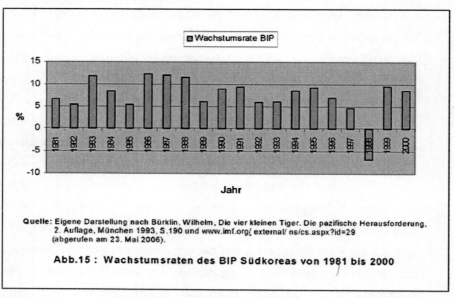

Quelle: Eigene Darstellung nach Bürklin, Wilhelm, Die vier kleinen Tiger. Die pazifische Herausforderung.
2. Auflage, München 1993, S.190 und www.imf.org/ external/ ns/cs.aspx?id=29
(abgerufen am 23. Mai 2006).

Abb.15 : Wachstumsraten des BIP Südkoreas von 1981 bis 2000

Eine ausgeprägte Industriepolitik minderte die negativen Auswirkungen, führte
aber 1992 zu einem für südkoreanische Verhältnisse niedrigen Wachstum.
(vgl. Abbildung 15). Eine Besonderheit war auch die angespannte politische
Lage in Folge des Irakkrieges, welche zu einem Anstieg der Ölpreise führte.

---

[280] Vgl. N.N., Südkorea. Aufruhr gegen Präsidenten Chun; in: Der Spiegel, 22/1987, S.154-
170, hier S.154f. Vgl. auch N.N., Südkorea. Gefährlicher Aufstand; in: Der Spiegel,
26/1987, S.101f, hier S.101.

[281] Vgl. N.N., Südkorea. Ein Diktator kapituliert; in: Der Spiegel, 28/1987, S.96f, hier S.96.

[282] Vgl. Bedeski, Robert, State Reform and Democracy in South Korea; in: Cotton, James
(Hrsg.), Korea under Roh Tae Woo. Democratisation, Northern Policy and Inter-Korean Relation, St. Leonards 1993, S.53-74, hier S.53ff.

Konsequenz für das vollständig von Ölimporten abhängige Südkorea war eine negative Handelsbilanz.[283] Daran konnte auch die gestiegene Bedeutung der Binnenwirtschaft nichts ändern.[284]

Dies führte zur Übergabe des Präsidentenamts an den ersten Nicht-Militär in der Nachkriegszeit, an Kim Young Sam. Der Einfluss des südkoreanischen Militärs, welches das koreanische Wirtschaftsmodell bisher stark prägte, verblasste.[285]

Der neue südkoreanische Präsident stand vor einer schweren Aufgabe. Das Wirtschaftswachstum war für koreanische Verhältnisse sehr gering. Zur Lösung dieser Problematik wurde 1993 ein neuer Fünfjahresplan entworfen, der durch zunehmende Liberalisierung über die ökonomische Schwäche hinweghelfen sollte. Primäres Ziel war insbesondere der Abbau von Handelshemmnissen, die Öffnung des Landes für ausländische Investoren und die weitere Deregulierung der Finanzmärkte.[286]

Auch wenn das Wirtschaftswachstum in den Folgejahren wieder zunahm, so gab es große Widerstände gegen den neuen Kurs der Regierung.

Hierbei spielte die Öffnung des südkoreanischen Reismarktes eine bedeutende Rolle, die Kim Young Sam in den Folgejahren mehrere empfindliche politische Niederlagen einbrachte. Auch der Versuch der Entflechtung der Chaebol erwies sich als schwierig. Dennoch nahm die wirtschaftliche Dynamik wieder an Fahrt auf und im Dezember 1996 wurde Südkorea in die OECD aufgenommen. Auf dieses Ziel hatte das ostasiatische Land mit seinen 46 Millionen Einwohnern Jahrzehnte lang hingearbeitet. Wenig später, im Frühjahr 1997, erfolgte eine Reklassifizierung durch den Internationalen Währungsfonds, der Südkorea von nun an in die Kategorie der fortgeschrittenen Wirtschaften einstufte. Die Republik Korea war zur elftgrößten Wirtschaft der Welt mit einem Pro-Kopf-Einkommen von über 10.000 US-Dollar aufgestiegen

---

[283] Vgl. Messner, Republik, S.187.
[284] Vgl. Kalinowski, Thomas, Von der Finanz- und Wirtschaftskrise zur sozialen Krise. Südkoreas Entwicklung seit 1997/1998; in: Köllner, Patrick (Hrsg.), Korea 2005. Politik, Wirtschaft, Gesellschaft, Hamburg 2005, S.109-129, hier S.111.
[285] Vgl. Kindermann, Ostasien, S.584.
[286] Vgl. Messner, Republik, S.185.

und galt als ein Musterbeispiel für eine erfolgreiche wirtschaftliche Entwicklung.[287]

Zusammenfassend kann gesagt werden, dass, nach Überwindung der wirtschaftlichen Krise von 1979, sich die koreanische Wirtschaft von einer staatlich gelenkten hin zu einer liberalen Marktwirtschaft entwickelte. Das Militär, welches eine wesentliche Rolle für die Entwicklung Südkoreas spielte, trat in den Hintergrund und eröffnete demokratischen Prozessen weiteren Spielraum. Die neue liberale Ordnung führte allerdings zu einer Reihe von Problemen. Durch die im Zuge der Liberalisierung durchgeführte Lockerung des Arbeits- und Tarifrechts kam es zu einer starken Anhebung des Lohnniveaus und zu vermehrten Streiks, die die Konkurrenzfähigkeit Südkoreas gefährdeten. Die graduell erfolgte Privatisierung und Deregulierung des Bankensektors war zu zögerlich und ein wesentlicher Auslöser für die Finanzkrise, die Südkorea von 1997 bis 1999 erschütterte.

---

[287] Vgl. Köllner, Patrick, Die Finanz- und Wirtschaftskrise in Südkorea. Ursachen, Auswirkungen und Perspektiven; in: Draguhn, Werner (Hrsg.), Asienkrise. Politik und Wirtschaft unter Reformdruck (=Mitteilungen des Instituts für Asienkunde, 308), Hamburg 1999, S.77-91, hier S.77.

4.7. Die asiatischen Finanzturbulenzen und die Wirtschaft Südkoreas (1997 bis 1999)

In den kalten koreanischen Wintermonaten des Jahres 1997 kam es in Süd-korea zu der schlimmsten Finanz- und Wirtschaftskrise seit dem Ende des Korea Kriegs.

Die ökonomischen Strukturprobleme deuteten sich schon zu Beginn des Jahres 1997 an, als das Chaebol Hanbo Steel and Construction Bankrott an-meldete. Es hinterließ Schulden von 5,8 Milliarden US-Dollar, vornehmlich bei koreanischen Banken.[288] Hanbo stellte allerdings erst den Anfang dar. Im Laufe des Jahres kollabierten mehrere Chaebol, darunter im Juni das sechst-größte des Landes, Ssangyoung. Aufgrund der marktbeherrschenden Stel-lung und der starken Verflechtung lösten die Zusammenbrüche eine Ketten-reaktion aus. Allen gemeinsam waren vorherige exzessive Investitionen, ab-nehmende Profitraten und eine äußerst hohe Verschuldung, die häufig noch aus der Zeit der Schwerindustrialisierung stammten.[289]

Das sinkende Vertrauen führte schon in den Herbstmonaten des Jahres 1997 zu einem Kapitalabfluss von 34,2 Milliarden US-Dollar aus Südkorea, vor-nehmlich nach Japan. In Folge dessen waren die südkoreanischen Handels-banken gezwungen, verstärkt Kredite von ihren Gläubigern einzufordern, was wiederum zum Bankrott vieler koreanischer Firmen führte. Des Weiteren kam, im Zuge des Kapitalabflusses, der südkoreanische Won unter Abwertungs-druck. Doch anstatt einer Freigabe des Wechselkursfloatings beschloss die Südkoreanische Zentralbank, zur Verteidigung desselbigen, die Stabili-sierung. Die Verantwortlichen erhofften sich dadurch die Inflation und die Aus-landverschuldung des Privatsektors zu beschränken, da mit dem Währungs-verfall die Kosten für die Finanzierung der Auslandskredite der südkoreani-schen Unternehmen stiegen. Das stellte sich aber als ein folgenschwerer Fehler heraus. Durch diese Strategie erschöpften sich die Devisenreserven, wodurch ein späteres Eingreifen des Internationalen Währungsfond unver-

---

[288] Vgl. N.N., Südkorea. Ein Land in Panik; in: Der Spiegel, 51/1997, S.142-144, hier S.143.
[289] Vgl. Sharma, Crisis, S.208ff.

meidbar war. Außerdem heizten die verzweifelten Verteidigungsversuche der Zentralbank internationale Devisenspekulation an.[290]

Die koreanische Öffentlichkeit unterschätzte die Auswirkungen der Entwicklung und wähnte sich in einer trügerischen Sicherheit.

Im November 1997, als Thailand, Indonesien, Malaysia und die Philippinen von den Folgen der Finanzkrise schon schwer gezeichnet waren, beschäftigten sich die Südkoreaner vor allem mit den im Dezember 1997 anstehenden Präsidentschaftswahlen. Geschockt reagierten die Bürger, als die Verteidigung des angeschlagenen Won Mitte November aufgegeben und die psychologische Wertmarke von 1000 Won für einen US-Dollar durchbrochen wurde.[291] So kam die Entscheidung des amtierenden Präsidenten Kim Young Sam, mehrere Wirtschaftspolitiker am 19. November 1997 aufgrund von Missmanagement zu entlassen, für die Bevölkerung überraschend.[292] Das Ausmaß der Krise wurde der südkoreanischen Öffentlichkeit endgültig bewusst, als bekannt wurde, dass die Regierung den Internationalen Währungsfond um einen Kredit zur Aufstockung der eigenen Devisenreserven gebeten hatte.[293]

Am 03. Dezember 1997 einigten sich der Internationale Währungsfonds und die südkoreanische Regierung auf ein Kreditpaket von 55 Milliarden US-Dollar, um die Wechselkursstabilität und Kreditwürdigkeit des Landes wieder herzustellen.[294] Auch die BRD beteiligte sich mit 1,25 Milliarden Dollar an der Kreditbereitstellung.[295]

Dennoch setzte sich der Abwärtstrend der Währung fort und die Aktienkurse erreichten neue Tiefststände.[296]

---

[290] Vgl. Sharma, Crisis, S.216ff.

[291] Vgl. N.N., Der Kurs des südkoreanischen Won fällt auf einen neuen Tiefstand. Die Zentralbank stützt ihn nicht mehr und schlägt Hilfeersuchen an den Internationalen Währungsfond vor; in: Frankfurter Allgemeine Zeitung, 269/1997, S.33, hier S.33.

[292] Vgl. N.N., Der südkoreanische Finanzminister tritt zurück. Eine Folge der Finanz- und Währungskrise; in: Frankfurter Allgemeine Zeitung, 270/1997, S.19, hier S.19.

[293] Vgl. N.N., Südkorea sucht Hilfe beim Internationalen Währungsfond. Seoul will Kredit beantragen; in: Frankfurter Allgemeine Zeitung, 272/1997, S.1, hier S.1.

[294] Vgl. N.N., Finanzhilfe von 55 Milliarden Dollar für Südkorea. IWF sagt bisher umfangreichstes Beistandspaket zu; in: Frankfurter Allgemeine Zeitung, 282/1997, S.15, hier S.15.

[295] Vgl. N.N., Kredite für Südkorea um 2 Milliarden Dollar erhöht; in: Frankfurter Allgemeine Zeitung, 283/1997, S.18, hier S.18.

[296] Vgl. N.N., Aktienkurse in Südkorea auf Tiefstand; in: Frankfurter Allgemeine Zeitung, 290/1997, S.15, hier S.15.

Begünstigt durch diese ökonomischen Turbulenzen gewann der langjährige Oppositionelle Kim Dae Jung die Präsidentschaftswahlen Ende Dezember.[297] Er beschreibt die Lage verzweifelt nach seiner Wahl:

„We don`t know whether we would go bankrupt tomorrow or the day after tomorrow. I can`t sleep since I was briefed. I am totally flabbergasted...This is the bottom. It`s a matter of one month, no, even one day. I just can`t understand how the situation came to this." [298]

Die Folgen der Finanzkrise waren für Südkorea verheerend. Die Wachstumsrate des Bruttoinlandsproduktes im Jahr 1998 sank auf -5,8 Prozent. Der Won verlor annähernd 60 Prozent gegenüber dem Dollar an Wert, mehr als 17.000 Firmen, darunter acht Chaebol, beantragen Konkurs. Die Arbeitslosigkeit stieg, erreichte im März 1999 mit 8,7 Prozent den höchsten Wert seit 30 Jahren. Die Löhne sanken im Durchschnitt um 20,7 Prozent, das Finanzsystem lag danieder. Die Leitlinien der Wirtschaftspolitik wurden durch ein umstrittenes Programm des Internationalen Währungsfonds vorgegeben.[299]

Zur Mitte des Jahres 1999 erholte sich die Wirtschaft von den Folgen der Krise. Nach der Verbesserung der makroökonomischen Fundamentaldaten, hier ist vor allem eine positive Zahlungsbilanz zu nennen, kam es zu einer Rückkehr von Kapital, einer Aufwertung des Won sowie einem Rückgang der Arbeitslosigkeit. Dies gelang vor allem durch strukturelle Verbesserungen im Banken- und Finanzwesen. Dadurch wurde das Vertrauen in den Standort Südkorea wieder hergestellt.[300]

Zusammenfassend stellte die Währungs- und Finanzkrise am Ende des 20. Jahrhunderts für die geteilte Nation die folgenschwerste Wirtschaftskrise nach dem Koreakrieg in den 50er Jahren dar. Nach dem Konkurs mehrerer Chaebol wurden die Schwächen der südkoreanischen Wirtschaftsstruktur deutlich. Die Krise in Südkorea wurde vornehmlich durch interne Versäumnisse ausgelöst. Erst durch eine massive Intervention des Internationalen Währungsfonds beruhigte sich die Situation im Herbst 1998 und ermöglichte Südkorea die Fortsetzung seines erfolgreichen Wachstums- und Entwicklungsprozesses zu Beginn des 21. Jahrhundert.

---

[297] Vgl. Kindermann, Ostasien, S.586ff.
[298] Sharma, Crisis, S.180.
[299] Vgl. Ebd., S.221ff.
[300] Vgl. Ebd., S.228ff.

5.   Kritische Reflexion und Bewertung

Nach der Darstellung und Analyse des Wachstums- und Entwicklungsprozesses lassen sich folgende Gemeinsamkeiten von Hongkong, Singapur und Südkorea feststellen.

Alle drei Länder blicken auf eine koloniale Vergangenheit zurück, die tiefe Spuren in Wirtschaft, Politik und Gesellschaft hinterlassen hat. Schon vor dem Aufbau einer exportorientierten Fertigungsindustrie waren Hongkong und Singapur prosperierende Stützpunke im Asienhandel Großbritanniens. Dabei galten beide nicht nur als Handelsstützpunkte, sondern vor allem als Kolonien zur Sicherung britischer Interessen in dieser Weltregion. Auch Japan verfolgte mit der Annektion Koreas vornehmlich geostrategische Ziele.

Daraus resultierte in allen drei Ländern ein Ausbau der Wirtschaft zur Sicherung des militärischen Einflusses in der Region. Hierfür wurden eine Infrastruktur sowie eine Grundlagenindustrie geschaffen. Überholte feudale Strukturen wurden durch die Kolonialmächte beseitigt. Dies ermöglichte eine Modernisierungspolitik.

Unter ökonomischen Gesichtspunkten ist die Kolonialherrschaft für den Wachstums- und Entwicklungsprozess der untersuchten Ökonomien bis zu Beginn des 2. Weltkrieges positiv zu bewerten. Nach Kriegsende war die politische sowie wirtschaftliche Ausgangslage Hongkongs, Singapurs und Koreas desolat. Denn auch nach dem Ende des Krieges erlangte keine der drei ehemaligen Kolonien ihre erstrebte Unabhängigkeit. Hongkong und Singapur wurden wieder Teil von Großbritannien, während in Korea die USA die vormalige Kolonialmacht ablöste. Diese Entwicklung erklärte sich vor allem aus der inneren und äußeren „kommunistischen Bedrohung" der analysierten Länder.

Nach dem Krieg lag die Wirtschaft – wegen des Niedergangs des Zwischenhandels und der Zerstörung von Industrieanlagen – danieder. Die soziale Not weiter Teile der Bevölkerung führte zur Bildung starker sozialistischer Organisationen und Gewerkschaften.

Außenpolitisch waren alle drei analysierten Länder Schauplatz des „Kalten Krieges" und von kommunistischen Aktivitäten in ihren „Nachbarstaaten" bedroht. Im Rahmen einer Containment-Politik gegenüber der UdSSR und dem maoistischen China wurden Hongkong, Singapur sowie das neue Südkorea deshalb in eine westliche Sicherheitsarchitektur integriert. Militär- und Finanzhilfen dienten der Absicherung dieser Politik.

Innenpolitisch waren die untersuchten Ökonomien in Folge des Wettbewerbes mit den kommunistischen Staaten auf einen erfolgreichen Wachstums- und Entwicklungsprozess angewiesen, um den wachsenden Problemen mit sozialistischen Strömungen begegnen zu können.

Grundsätzlich steht der Aufstieg der asiatisch-pazifischen Region in direktem Zusammenhang mit der bipolaren Weltordnung in der zweiten Hälfte des 20. Jahrhunderts. Das hohe Wirtschaftswachstum war eng mit einer zunehmenden Industrialisierung korreliert. Um so beachtlicher erscheint dies vor dem Hintergrund fehlender Rohstoffe in allen drei Ökonomien. Dabei war die Leichtindustrie von besonderer Bedeutung – vor allem die Textil- und Elektronikindustrie. Es lässt sich feststellen, dass der Auf- und Ausbau der Leichtindustrie zum Katalysator des jeweiligen Wachstums- und Entwicklungsprozesses wurde. Die erfolgreiche Entfaltung dieser arbeitsintensiven Industriezweige erklärt sich vor allem anhand des niedrigen Lohnniveaus.

Eine Hauptursache hierfür waren die „kooperationswilligen" Gewerkschaften und Oppositionsparteien. Dieser Kooperationswille war das Ergebnis einer massiven Repression der Gewerkschaftsarbeit und der politischen Opposition. Dadurch gelang es, die Zunahme des Lohnniveaus fast immer unter das Produktivitätswachstum zu drücken, die Streikhäufigkeit zu senken und die für eine marktwirtschaftliche Ordnung notwendige Stabilität zu sichern. Gefördert wurde dieser auch durch eine funktionierende und wirtschaftsfreundliche Bürokratie. Dabei waren – vor dem Hintergrund der kommunistischen Bedrohung – die Eliten daran interessiert, den Wachstums- und Entwicklungsprozess zu forcieren.

Ein wichtiger gemeinsamer Erfolgsfaktor der untersuchten Länder war die Außenorientierung ihrer Volkswirtschaften. Diese waren durch verhältnismäßig kleine Binnenmärkte eingeschränkt. Deshalb waren sie auf die Entwicklung einer exportorientierten und internationalisierten Wirtschaft, die auch den Zwischenhandel einschließt, angewiesen. Lokale Unternehmen produzierten hauptsächlich für den Weltmarkt. Begünstigt wurde die wirtschaftliche

Neuorientierung durch die Handelspolitik der USA und Großbritanniens, die ihre Märkte für Produkte der aufstrebenden Länder öffneten.

Zahlreiche multinationale Unternehmen aus Japan, den USA und Westeuropa unterstützten die lokalen Unternehmen dabei, durch eine Verlagerung arbeitsintensiver Produktionskapazitäten vor allem nach Hongkong und Singapur. Diese ausländischen Direktinvestitionen waren eine Quelle für den technischen Fortschritt und somit eine treibende Kraft im Wachstums- und Entwicklungsprozess. Allerdings wurde, durch eine exportorientierte Ausrichtung der Wirtschaft und die von multinationalen Unternehmen geprägte Wirtschaftstruktur, die Abhängigkeit von globalen Wirtschaftsschwankungen erhöht.

In Folge einer solchen schwachen Weltwirtschaft und steigender Löhne verlangsamte sich zu Beginn der 80er der Wachstums- und Entwicklungsprozess aller drei Ökonomien, gleichzeitig verloren sie ihren Wettbewerbsvorteil als „Billigproduzenten". Auf diese Herausforderungen reagierten die Länder mit individuellen Konzepten und kehrten auf ihren erfolgreichen Wachstumspfad zurück.

Schließlich gehören Hongkong, Singapur und Südkorea dem konfuzianischen Kulturkreis an. Kulturspezifische Werthaltungen wie hohes Bildungs- und Leistungsbewusstsein, langfristige Planung sowie Sparsamkeit begünstigten den jeweils erfolgreichen Wachstums- und Entwicklungsprozess der Volkswirtschaften.

Aber auch wenn alle drei Länder einige gemeinsame Charakteristika aufweisen, gab es hinsichtlich der Entwicklungsstrategie von Hongkong, Singapur und Südkorea keinen für alle verbindlichen „Königsweg". Vor allem bei der vieldiskutierten Funktion des Staates unterscheiden sich die untersuchten Ökonomien.

Hongkong gilt bis heute als Musterbeispiel für eine liberale Wirtschaftspolitik. Der Stadtstaat ist eine Illustration des neoklassischen Entwicklungsparadigmas. Industriepolitische Ansätze fehlen nahezu gänzlich. Dagegen betrieb Südkorea diametral zu Hongkong eine staatliche Entwicklungsplanung mit planwirtschaftlichem Charakter. Singapur kombinierte entlang seines Entwicklungspfades markt- und zentralverwaltungswirtschaftliche Ordnungselemente.

Die zu Beginn vorgestellten Erklärungsansätze können den erfolgreichen Wachstums- und Entwicklungsprozess der analysierten Länder nicht in seiner Gesamtheit, sondern nur partialanalytisch, erklären.

Dabei sind das kulturistische sowie das neoklassische Paradigma hervorzuheben. Die Vertreter der erstgenannten Forschungsrichtung vernachlässigen allerdings oft die westliche Erziehung der Wirtschaftseliten und der Staatsführungen. Des Weiteren stellt sich die Frage, warum der Wachstums- und Entwicklungsprozess bei kultureller Überlegenheit nicht schon vor dem Eindringen westlicher Einflüsse begann (Needham Puzzle).

Der isolierte neoklassische Ansatz berücksichtigt die institutionellen und kulturellen Rahmenbedingungen nicht in ausreichendem Maße.

Zu Beginn des Wachstums- und Entwicklungsprozesses war der institutionalistische Ansatz sicherlich förderlich. Allerdings führte er sowohl in Singapur als auch in Südkorea im Laufe der Zeit zu Staatsversagen. Eine Politik der Importsubstitution im Sinne von Akamatsu lässt sich nur im Falle Südkoreas klar erkennen, bei Singapur und vor allem bei Hongkong ist sie fragwürdig.

Zusammenfassend lässt sich, nach der ausführlichen Analyse des Wachstums- und Entwicklungsprozesses von Hongkong, Singapur und Südkorea, feststellen, dass ein Zusammenspiel von verschiedenen Faktoren den Aufstieg ermöglichte. Dabei weisen alle drei Volkswirtschaften zahlreiche gemeinsame Charakteristika entlang ihrer Entwicklungspfade auf. Eine einheitliche „asiatische" Entwicklungsstrategie existiert allerdings nicht.

Der Wachstums- und Entwicklungsprozess war vor allem an spezifisch historische und politische Entwicklungen geknüpft; das Handelsembargo gegenüber der VR China, der Koreakrieg und die Integrationsprobleme Singapurs in der Föderation Malaysia verdeutlichen diesen Aspekt.

Zu Beginn des 21. Jahrhunderts gehören die drei analysierten Wirtschaften hinsichtlich Wohlstand und Zukunftstechnologien zu den führenden der Welt. Somit haben Hongkong, Singapur sowie Südkorea ihren erfolgreichen Wachstums- und Entwicklungsprozess bis zum heutigen Zeitpunkt fortgesetzt.

Quellen- und Literaturverzeichnis

Literatur

Baumann, Jörg, Determinanten der industriellen Entwicklung Hongkongs 1949-1979. Unter besonderer Berücksichtigung wirtschaftspolitischer Aspekte (=Mitteilungen des Instituts für Asienkunde, 135), Diss., Hamburg 1983.

Bedeski, Robert, State Reform and Democracy South Korea; in: Cotton, James (Hrsg.), Korea under Roh Tae Woo. Democratisation, Northern Policy and Inter-Korean Relation, St. Leonards 1993, S.53-74.

Bello, Walden F. / Rosenfeld, Stephanie, Dragons in Distress. Asia`s Miracle Economies in Crisis, San Francisco 1990.

Bercuson, Kenneth, Singapore. A Case Study in Rapid Development (=Occasional Paper International Monetary Fund, 119), Washington D.C. 1995.

Bissing, Wilhelm Moritz von, Ostasiatische Studien zur Wirtschaft und Gesellschaft in Thailand, Hongkong und Japan, Berlin 1962.

Bogaars, Gulliver, The effects of Opening the Suez Canal on the Trade and Development of Singapore; in: Sheppard, Mubin (Hrsg.), Singapore 150 years, Singapur 1984, S.220-256.

Bonavia, David, Singapore´s Dark Horizon; in: Far Eastern Economic Review, 8/1967, S.23ff.

Breuer, Jörg, Standort Singapur, Diss., Erlangen 1994.

Bürklin, Wilhelm P., Die vier kleinen Tiger. Die pazifische Herausforderung, 2. Auflage, München 1993.

Census & Statistics Department (Hrsg.), Hongkong Statistics 1947-1967, Hongkong 1969.

Chang, Min-Soo, Exportförderung und Handelsintensivierung als Industrialisierungs- und Entwicklungspolitik eines Schwellenlandes dargestellt am Beispiel der Republik Korea (=Studien zur Entwicklungsökonomie, 8), Hamburg / Münster 1994.

Chen, Edward, The economic setting; in: Lethbridge, David (Hrsg.), The Business Enviroment in Hongkong, 3. Auflage, Hongkong 1995, S.1-38.

Cheng, Siok Hwa, Economic Change and Industrialization; in: Chew, Ernest C. / Lee, Edwin (Hrsg.), A History of Singapore, 2. Auflage, Singapur u.a. 1996, S.182-217.

Chew, Ernest C. / Lee, Edwin (Hrsg.), A History of Singapore, 2. Auflage, Singapur u.a. 1996.

Chi, Hsi-Sheng, Politics of disillusionment. The Chinese Communist Party under Deng Xiaoping 1978-1989, Armonk NY u.a. 1991.

Clutterbuck, Richard Lewis, Riot and Revolution in Singapore and Malaya. 1945-1963, London 1973.

Das, Dilip K., Korean economic dynamism, Basingstoke u.a. 1992.

Dörrfuß, Peter / Weidlich, Thomas, Neues DBA zwischen Deutschland und Singapur; in: Internationales Steuerrecht, 15/2005, S.518-522.

Drysdale, John, Singapore. Struggle for success, Sydney 1984.

Economic Development Board of Singapore (Hrsg.), Die nächste Etappe, Singapur 1991, S.57ff.

Eunice, Thio, The Syonan Years.1942-1945; in: Chew, Ernest C. / Lee, Edwin (Hrsg.), A History of Singapore, Singapur u.a. 1991, S.95-114.

Endacott, George Beer, A History of Hongkong, 3. Auflage, Hongkong 1977.

Ess, Hans van, Der Wandel der Republik Korea vom Entwicklungsland zum Industriestaat – Ein Modell?; in: Opitz, Peter, (Hrsg.), Auf den Spuren der Tiger, München 1997, S.103-168.

Farrell, Brian P., The defence and fall of Singapore. 1940-1942, Stroud 2005.

Fischer, Doris, China; in: Neu, Michael / Gieler, Wolfgang / Bellers, Jürgen (Hrsg.), Handbuch der Außenwirtschaftspolitik. Staaten und Organisationen. Band 1, Münster 2004, S.401-410.

Frank, Rüdiger; Südkorea, in: Neu, Michael / Gieler, Wolfgang / Bellers Jürgen (Hrsg.), Handbuch der Außenwirtschaftspolitik. Staaten und Organisationen. Band 1, Münster 2004, S.554-558.

Gorning, Gilbert, Das Prinzip „Ein Staat – Zwei Systeme" und seine Lesearten; in: Güssgen, Achim (Hrsg.), Hongkong nach 1997. Take over, re-unification oder Neubeginn? (=Bibliothek Wissenschaft und Politik, 59), Köln 2002, S.13-20.

Heilmann, Sebastian, Kurze Geschichte der Volksrepublik China; in: Bundeszentrale für politische Bildung (Hrsg.), Die Volksrepublik China (=Information zur politischen Bildung, 289), Bonn 2005, S.5-8.

Hemmer, Hans-Rimbert, Wirtschaftsprobleme der Entwicklungsländer. Eine Einführung, 2. Neubearbeitete und erweiterte Auflage, München 1988.

Holgate, Christine, Electronic storm; in: Far Eastern Economic Review, 10/1966, S.533.

Holtgrave, Wilfried, Industrialisierung in Singapur. Chancen und Risiken industrieorientierter Spezialisierung, Frankfurt u.a. 1987.

Huber, Andreas, Die wirtschaftlichen und politischen Beziehungen der VR China zu den ASEAN-Staaten am Beispiel Singapurs (=Mitteilungen des Instituts für Asienkunde, 251), Hamburg 1995.

Jao, Yu Ching, Banking and Currency in Hongkong. A Study of Postwar Financial Development, London u.a. 1974.

Josey, Alex, Lee Kuan Yew. The struggle for Singapore, London 1974.

Ders., David Marshall`s political interlude, Singapur 1982.

Kalinowski, Thomas, Von der Finanz- und Wirtschaftskrise zur sozialen Krise. Südkoreas Entwicklung seit 1997/1998; in: Köllner, Patrick (Hrsg.), Korea 2005. Politik, Wirtschaft, Gesellschaft, Hamburg 2005, S.109-129.

Kanamori, Hisao, Japanische Wirtschaft. Grundlagen, 13. Auflage (1. deutschsprachige), München u.a. 1997.

Kang, Myong-hon, The Korean Business Conglomerate. Chaebol Then and Now (=Korea research momograph, 21), Berkley 1996.

Kindermann, Gottfried-Karl, Der Aufstieg Ostasiens in der Weltpolitik. 1840-2000, Stuttgart / München 2001.

Köllner, Patrick, Die Finanz- und Wirtschaftskrise in Südkorea: Ursachen, Auswirkungen und Perspektiven; in: Draguhn, Werner (Hrsg.), Asienkrise. Politik und Wirtschaft unter Reformdruck (=Mitteilungen des Instituts für Asienkunde, 308), Hamburg 1999, S.77-91.

Kraus, Willy, Wirtschaftliche Entwicklung und sozialer Wandel in der Volksrepublik China, Berlin u.a. 1979.

Krieger, Martin, Geschichte Asiens. Eine Einführung (=Geschichte der Kontinente, 1), Köln u.a. 2003.

Kullmann, Claudio, Hongkong; in: Neu, Michael / Gieler, Wolfgang / Bellers, Jürgen (Hrsg.), Handbuch der Außenwirtschaftspolitik. Staaten und Organisationen, Band 1, Münster 2004. S.418ff.

Kwong, Kai-Sun, Industrial development in Singapore, Taiwan, and South Korea, River Edge NY u.a. 2001.

Lachmann, Werner, Entwicklungspolitik. Grundlagen. Band 1, 2. überarbeitete Auflage, München / Wien 2004.

Ders., Entwicklungspolitik. Binnenwirtschaftliche Aspekte der Entwicklung. Band 2, München / Wien 1997.

Lim, Chong Yah, From High Growth Rates to Recession; in: Sandhu, Kernial Singh (Hrsg.), Managment of Success. The Moulding of Modern Singapore, Singapur 1989, 201-218.

Lim, Linda, Free Market Fancies. Hong Kong, Singapore, and the Asian Financial Crisis; in: Pempel, T.J. (Hrsg.), The politics of the Asian Economic crisis, Ithaca / London 1999, S.101-115.

Mankiw, Gregory, Makroökonomik. Mit vielen Fallstudien, 4. überarbeitete Auflage, Stuttgart 2000.

Mason, Edward Sagendorph, The Economic and Social Modernization of the Republic of Korea (=Harvard East Asian monographs, 92), Cambridge MA 1980.

Messner, Dirk, Republik Korea; in: Nohlen, Dieter / Nuschler, Franz (Hrsg.), Handbuch der Dritten Welt. Ostasien und Ozeanien. Band 8, 3. völlig neu bearbeitete Auflage, Bonn 1994, S.168-211.

Murfett, Malcom H., Between two oceans. A military history of Singapore from first Settlement to final British withdrawal, Oxford 1999.

Nitzsche, Frank, Nordkorea; in: Neu, Michael / Gieler, Wolfgang / Bellers, Jürgen (Hrsg.), Handbuch der Außenwirtschaftspolitik. Staaten und Organisationen, Band 1, Münster 2004, S.511-518.

N.N., Internationales. China-Embargo; in: Der Spiegel, 30/1953, S.15f.

N.N, Autonomie für Singapur; in: Frankfurter Allgemeine Zeitung, 123/1959, S.2.

N.N., Singapur unabhängig. Bei den ersten Parlamentswahlen hoher Sieg der Linken; in: Frankfurter Allgemeine Zeitung, 123/1959, S.8.

N.N., Südkorea. Straßenkämpfe; in: Der Spiegel, 18/1960, S.50f.

N.N., Südkorea. Generalputsch; in: Der Spiegel, 23/1961, S.56.

N.N., Südkorea. Militärs; in: Der Spiegel, 29/1961, S.38f.

N.N., Malaysia. Sukarno; in: Der Spiegel, 35/1964, S.56-58.

N.N., Malaysia. Singapur; in: Der Spiegel, 34/1965, S.63-65.

N.N., Kriegsrecht über Korea; in: Frankfurter Allgemeine Zeitung, 242/1972, S.1.

N.N., Market. Hongkong worsens; in: Far Eastern Economic Review, 46/1974, S.60.

N.N., Hongkong. Kapitalismus-Schule für Peking; in: Der Spiegel, 49/1978, S.196-200.

N.N., Südkorea. Das Ende des Diktators Park; in: Der Spiegel, 44/1979, S.134.

N.N., Südkorea. Das Militär übernimmt die Macht; in: Der Spiegel, 22/1980, S.124f.

N.N., Tschon Doo Hwan ist neuer Präsident; in: Frankfurter Allgemeine Zeitung, 199/1980, S.5.

N.N., Südkorea. Aufruhr gegen Präsidenten Chun; in: Der Spiegel, 22/1987, S.154-170.

N.N., Südkorea. Gefährlicher Aufstand; in: Der Spiegel, 26/1987, S.101f.

N.N., Südkorea. Ein Diktator kapituliert; in: Der Spiegel, 28/1987, S.96f.

N.N., Singapur. Ende einer Ära; in: Der Spiegel, 49/1990, S.190-194.

N.N., Interview mit dem Demokraten Martin Lee; in: Der Spiegel, 22/1997, S.152f.

N.N., Abschied von Hongkong (II); in: Der Spiegel, 23/1997, S.154-165.

N.N., Abschied von Hongkong (III). Peking und die Superreichen; in: Der Spiegel, 24/1997, S.157-165.

N.N., Hongkong. Eine Drachenfrau für Peking; in: Der Spiegel, 27/1997, S.122-127.

N.N., Der Kurs des südkoreanischen Won fällt auf einen neuen Tiefstand. Die Zentralbank stützt ihn nicht mehr und schlägt Hilfeersuchen an den Internationalen Währungsfond vor; in: Frankfurter Allgemeine Zeitung, 269/1997, S.33.

N.N., Der südkoreanische Finanzminister tritt zurück. Eine Folge der Finanz- und Währungskrise; in: Frankfurter Allgemeine Zeitung, 270/1997, S.19.

N.N., Südkorea sucht Hilfe beim Internationalen Währungsfond. Seoul will Kredit beantragen; in: Frankfurter Allgemeine Zeitung, 272/1997, S.1.

N.N., Finanzhilfe von 55 Milliarden Dollar für Südkorea. IWF sagt bisher umfangreichstes Beistandspaket zu; in: Frankfurter Allgemeine Zeitung, 282/1997, S.15.

N.N., Kredite für Südkorea um 2 Milliarden Dollar erhöht; in: Frankfurter Allgemeine Zeitung, 283/1997, S.18.

N.N., Aktienkurse in Südkorea auf Tiefstand; in: Frankfurter Allgemeine Zeitung, 290/1997, S.15.

N.N., Asien. Börsencrash in Hongkong; in: Der Spiegel, 44/1997, S.169.

N.N, Südkorea. Ein Land in Panik; in: Der Spiegel, 51/1997, S.142-144.

N.N., Hongkong. Spiegel-Gespräch mit dem Regierungschef Tung Chee-hwa; in: Der Spiegel, 27/1998, S.132-134.

N.N., Spiegel-Gespräch mit Ex-Regierungschef Lee Kuan Yew über die fernöstliche Finanzkrise; in: Der Spiegel, 15/1998, S.154-158.

N.N., Hongkong. Niedergang der Glitzerstadt; in: Der Spiegel, 23/1998, S.134-139.

Odrich, Barbara, In Hongkong sind schon Chinas „Finanztruppen" eingerückt; in: Frankfurter Allgemeine Zeitung, 148/1997, S.14.

Office of the U.S. High Comissioner for Germany (Hrsg.), Die Politik der Vereinigten Staaten in der Koreakrise. Einführung zum amerikanischen Weissbuch und Präsident Trumans Rundfunkansprache, Bad Godesberg 1950.

Opitz, Peter, Von „fliegenden Wildgänsen" und „kleinen Tigern" – Die Wachstums- und Entwicklungsprozesse in der asiatisch-pazifischen Region in historischer Perspektive; in: Opitz, Peter (Hrsg.), Auf den Spuren der Tiger. Entwicklungsprozesse in der asiatisch-pazifischen Region (= Bayerische Landeszentrale für politische Bildungsarbeit, A 102), München 1997, S.11-50.

Ders., Hongkong – „Tiger" auf Abruf?; in: Opitz, Peter (Hrsg.) Auf den Spuren der Tiger. Entwicklungsprozesse in der asiatisch-pazifischen Region (=Bayerische Landeszentrale für politische Bildungsarbeit), München 1997, S.51-78.

Park, Chung Hee, Das Werden einer Nation, Salzburg 1971.

Pelling, Henry, The Labour goverments 1945-1951, London 1984.

Pilny, Karl, Das asiatische Jahrhundert. China und Japan auf dem Weg zur neuen Weltmacht, Frankfurt u.a. 2005.

Pohl, Manfred, Entwicklungsstrategien, wirtschaftlich-technologischer Fortschritt und politische Implikationen. Das Beispiel Südkorea; in: Draguhn, Werner (Hrsg.), Asiens Schwellenländer. Dritte Weltwirtschaftsregion? Zur wirtschaftlichen Entwicklung der „Vier kleinen Tiger" sowie Thailands, Malaysias und Indonesiens (=Mitteilung des Instituts für Asienkunde, 195), Hamburg 1995, S.33-59.

Rieger, Christoph, Die erfolgreiche Wirtschaftspolitik Singapurs – Können die Entwicklungsländer daraus lernen?; in: Opitz, Peter (Hrsg.), Auf den Spuren der Tiger. Entwicklungsprozesse in der asiatisch-pazifischen Region, München 1997 (=Bayerische Landeszentrale für politische Bildungsarbeit, A 102), S.79-99.

Rodan, Garry, The political economy of Singapore´s industrialization. National state and international capital, Basingstoke 1989.

Röpke, Jochen, Hongkong; in: Draguhn, Werner (Hrsg.), Asiens Schwellenländer. Dritte Weltwirtschaftsregion? Zur wirtschaftlichen Entwicklung der „Vier kleinen Tiger" sowie Thailands, Malaysias und Indonesiens (=Mitteilung des Instituts für Asienkunde, 195), Hamburg 1995, S.82-115.

Schryen, Rainer, Hongkong und Shenzhen. Entwicklung, Verflechtung und Abhängigkeiten. Eine wirtschaftsgeographische Untersuchung (=Mitteilungen des Instituts für Asienkunde, 202), Hamburg 1992.

Schumacher, Kirsten, Politische Opposition und politischer Wandel in Singapur (=Demokratie und Entwicklung, 8), Münster u.a. 1993.

Seung, Jung-Hun, Die sektorale Wirtschaftsstruktur Südkoreas. Bisherige Entwicklung und zukünftige Perspektiven (Volkswirtschaftliche Schriftenreihe, 24), Diss., Münster 1996.

Sharma, Shalendra D., The Asian Financial crisis. Crisis, reform and recovery, New York 2003.

Shiva Ramu, Shivanna, The Dragons of Asia. Asia-Pacific Rim Countries and Their Multinationals, Delhi u.a. 1995.

Suhr, Wolfgang, Singapurs Rezession 1985. Resultat eines lohnpolitischen Experiments (=Kieler Arbeitspapiere, 391), Kiel 1989.

Sun, Youli, China and the origins of the Pacific War. 1931-1941, New York 1993.

Szczepanik, Edward Franciszek, The growth of Hongkong, London u.a. 1958.

Tamney, Joseph B., The struggle over Singapore´s Soul. Western Modernization and Asian culture (=De Gruyter studies in organization, 70), Berlin u.a. 1996.

Tan, Gerald, The Asian currency crisis, Singapur 2000.

Taube, Markus, Die ökonomische Bedeutung Hongkongs für China. Status quo und Position der Europäischen Kommission; in: Güssgen, Achim (Hrsg.), Hongkong nach 1997. Take over, re-unification oder Neubeginn? (=Bibliothek Wissenschaft und Politik, 59), Köln 2002, S.199-217.

Timmermann, Vincenz, Entwicklungstheorie und Entwicklungspolitik (=Grundriss der Sozialwissenschaft, 30), Göttingen 1982.

Tun, Oy Woo, Die asiatischen Finanzturbulenzen Ende der neunziger Jahre des 20. Jahrhunderts und die Wirtschaft Hongkongs; in: Güssgen, Achim (Hrsg.), Hongkong nach 1997. Take over, re-unification oder Neubeginn? (=Bibliothek Wissenschaft und Politik, 59), Köln 2002, S.165-198.

Turnbull, Constance Mary, A short History of Malaysia, Singapore and Brunei, Stanmore NSW 1980.

Turner, Herbert A., The last colony, but whose? A study of the labour movement, labour market and labour relations in Hongkong (=Paper in industrial relations and labour, 5), Cambridge u.a. 1980.

Trocki, Carl A., Opium and empire. Chinese society in colonial Singapore.1810-1910, Ithaca 1990.

Truman, Harry S., Memoiren. Jahre der Bewährung und des Hoffens. 1946-1953. Band 2, Stuttgart 1956.

Walker, Richard, China unter dem Kommunismus. Die ersten fünf Jahre, Stuttgart 1956.

Weggel, Oskar, China (=Beck´sche Reihe, 807), 5. völlig neubearbeitete Auflage, München 2002.

Wong, John Y., Deadly Dreams. Opium, imperalism and the Arrow War (1856-1860) in China, Cambridge u.a. 1998.

Wong, Lin Ken, Commercial Growth before the second world War; in: Chew, Ernest C. / Lee, Edwin (Hrsg.), A History of Singapore, 2. Auflage, Singapur u.a. 1996, S.41-65.

Wong, Siu-Lun, Emigrant Entrepeneurs. Shanghai Industrialists in Hong Kong, Hongkong 1988.

World Bank (Hrsg.), The East Asian Miracle. Economic growth and public policy, Oxford u.a. 1993.

Yan, Jiaqi / Gao, Gao, Turbulent Decade. A history of the Cultural Revolution, Honolulu 1996, S.378.

Yeo, Kim Wah / Lau, Albert, From Colonialism to independence. 1945-1965; in: Chew, Ernest C. / Lee, Edwin (Hrsg.), A History of Singapore, 2. Auflage, Singapur u.a. 1996, S.117-153.

Elektronische Medien

www.auswaertiges-amt.de/diplo/de/Laender/Hongkong.html (abgerufen am 12. Juli 2006).

www.auswaertiges-amt.de/diplo/de/ILaender/KoreaRepublik.html (abgerufen am 05. August 2006).

www.auswaertiges-amt.de/diplo/de/Laender/Singapur/html (abgerufen am 12. Juli 2006).

www.china-botschaft.de/det/jj/t201193.htm (abgerufen am 25. August 2006).

www.edb.gov.sg./edb/sg./en/_uk/index/about us/ our history/the_1960s.html (abgerufen am 01. Juli 2006).

www.feer.com/articles/archive/1955/5507_28/PO24html (abgerufen am 31. August 2006.

www.feer.com/articles/archive/1955/5508_25/P021.html.(abgerufen am 31. August 2006).

www.hongkong.bechold-online.de/images/HongkongMap.jpg (abgerufen am 10. Juli 2006).

www.imf.org/external/ns/cs.aspx?id=29 (abgerufen am 23. Mai 2006).

www.jtc.gov.sg/Corporate/overview/milestones.asp (abgerufen am 11. Juni 2006).

www.wikipedia.org/wiki/Singapur (abgerufen am 22. Juli 2006).

Wissenschaftlicher Buchverlag bietet

kostenfreie

Publikation

von aktuellen

wissenschaftlichen Arbeiten

Diplomarbeiten, Magisterarbeiten, Master und Bachelor Theses
sowie Dissertationen und wissenschaftliche Monographien

innerhalb von Fachbuchprojekten
(Monographien und Sammelwerke)

in den Fachgebieten Wirtschafts- und Sozialwissenschaften
sowie Wirtschaftsinformatik.

Sie verfügen über eine Arbeit zu aktuellen Fragestellungen aus den genannten
Fachgebieten, die hohen inhaltlichen und formalen Ansprüchen genügt,
und haben Interesse an einer honorarvergüteten Publikation?

Dann senden Sie bitte erste Informationen über sich und Ihre Arbeit per Email
an info@vdm-verlag.de. Unser Außenlektorat meldet sich umgehend bei Ihnen.

VDM Verlag Dr. Mueller e.K. · Dudweiler Landstraße 125a
D - 66123 Saarbrücken · www.vdm-buchverlag.de